加計学園問題の本質

〝政界のお医者さん〟が官の植民地化にメスを入れる!

伊東信久

ワニブックス
|PLUS|新書

はじめに
～政界のお医者さんとしてどうメスを入れていくか

毎日、政治家についてのさまざまな問題がメディアで報道されていますが、お金にまつわる不正や不倫などのスキャンダルが目立つのは大変残念な思いがします。

その中でも、今年になって発覚した森友学園問題と加計《かけ》学園問題では、その経営陣と安倍晋三首相夫妻が個人的に親しい関係だったということもあり、大変注目されました。そして、「特別な便宜が計られていたのではないか」という疑惑から、国民からの信頼を失う形になってしまいました。

実際に新聞・テレビの各社が行う世論調査では、加計学園問題について「安倍首相は十分な説明をしていると思うのか」というような問いに対し、相変わらず約7割の人々が「不十分」と答えています。しかも通常国会が終わった後も、支持率こそ持ち直しているようですが、この「不十分」の割合が減少している様子はありません。

これは非常に大きな問題だと思います。というのも、森友学園問題、加計学園問題などの個別の問題のみならず、**国民が政治について根強い不信感を抱いているという証拠だから**です。

私は、「もっと皆さんに政治に対して期待してもらいたい」「政治家を頼りにしてもらいたい」という強い気持ちのもとに、この本の中で問題の本質について、政界のお医者さんとして、すなわち医師として国会議員としての立場から、読者の皆さんと一緒に解明していきたいと思っています。

森友学園や加計問題をきっかけに政治に対しての不信感が増長してしまった大きな原因は、安倍首相の危機管理の不十分な答弁だったのではないでしょうか。

初めは、森友学園の籠池《かごいけ》夫妻のことを絶賛していたのに、問題が明らかになってくると「親しくなかった」と発言し、籠池夫妻を批判するようになりました。これは、国民からすると、自分のところへ追及が来ないように逃げているようにしか映りません。

また、加計学園の理事長の加計氏との関係についても、40年以上も親交があり、頻繁に会って一緒にゴルフもしているのだから、安倍さんの「獣医学部新設について、会話したことはありません」などという答弁を国民が信じるはずがないのです。

もっとも、安倍政権へのマンネリ感が不信感を助長している面もあるでしょう。安倍政権は発足《ほっそく》からすでに5年になろうとしており、このふたつの問題を例に見ても、些細なことでもその対処の仕方を間違うと、〝一強〟に対して嫌気が差してしまう、ということでしょう。

しかし私は、森友学園問題、加計学園問題――これらの問題のそもそもの原因を徹底的に追及し、是正できるものは正していくことが大事だと思っています。法律や制度に基づき獣医学部の新設を決定したことが明らかになれば、決定に従い、計画を進めることが今後につながると思っています。

また、官僚の体質についても理解しておくことが大事です。**官僚の本質は組織の温存と自己の保全です**。そのためには時には政権におもねり、その意向を先取りして実現しようという傾向があることは否めません。**いわゆる「忖度《そんたく》」ですね**。

森友学園問題では、建設予定の小学校の名誉校長に昭恵夫人が就任することになっていた点など、たしかに一定の関与は否定できません。しかし安倍首相が直接関与していたのかについては、民進党や共産党など野党がいくら追及しても判明していない、ということも冷静に分析していかなくてはなりません。

では、加計学園問題はどうでしょうか。

安倍首相と加計孝太郎理事長が40年来の友人関係だということは安倍首相も認めています。ですが、それゆえに安倍首相が加計学園の獣医学部新設に対して関係省庁になんらかの指示を出したということの証拠は出てきていません。

その一方で、不思議に映ったのは、文部科学省の前川喜平前事務次官が当時の状況について、内部告発を重ねたことではないでしょうか。

事務次官とは、文部科学省事務方のトップです。前川氏は、文部科学省OBの天下りあっせん問題で責任を取って2017年1月に辞職し、退職金の一部返納などの処分を受けています。

この天下りあっせん問題でも、国家公務員の再就職に対しての規制について、法の遵守を軽んじていた文部科学省の体質が露呈されました。そこから見えてくるのは、**保身に走る各省庁のあさましい姿です**。

この加計問題を巡っては、マスコミ報道だけに耳を傾けると、身内のためにごり押しをしようとする安倍首相に対して、前川前次官が、正義のために立ちはだかっている構図のようにも見えます。しかしそれは事実ではありません。

本論でも述べますが、**文部科学省とは融通の利かない、かなり保守的な省庁です**。新しいものをどんどん取り込もうとか、日本の将来を見据えた教育のあり方を考えるなどというのにはほど遠いというのが、残念ながら実態だと言えるでしょう。

そんな硬直した官僚主義の行政に対して、一石投じて変化させようというのが、「国家戦略特区」構想のはずでした。

しかしそうした構図が当初の理想どおりに描かれることはほとんどなく、主要メディアでは「悪の官邸からの圧力に屈しない正義の前川喜平前次官」というふうに「官邸＝加害者」、「文部科学省＝被害者」というイメージに歪められています。

またもうひとつの誤解は、**組織としての官庁はひとりの事務次官経験者の意向だけで動くものではない**ということです。文部科学省は加計学園の問題の〝被害者〟ではなく、当初はその〝加害者〟のひとりでした。今でこそ、国家戦略特区構想を担当する内閣官房に都合の悪いような当時の資料を出したりしていますが、その資料を作っていたのは、そもそも文部科学省なのです。

もっとも加計学園が愛媛県今治《いまばり》市に作ろうとしていた獣医学部は、医師の私の目から見ると、内容もコンセプトも「大丈夫かな」と心配になるレベルです。しかしそれを推進していたのがまさに文部科学省であり内閣官房だったということも忘れてはいけません。よってともに同罪と言えるでしょう。

私は**官僚組織の問題がなければ、加計学園問題は生じなかった**と考えています。

現在の日本は暴挙をいとわない隣国によって、とんでもなく不安定な状況に置かれています。それなのにいつまでも不毛な国内問題で揉めている場合でしょうか。

北朝鮮から弾道ミサイルが発射され、我が国上空を通過し、太平洋に落下しました。そして9月3日には過去最大規模の核実験が行われました。国連安全保障理事会は9月11日に9回目の制裁決議を全会一致で採決しましたが、北朝鮮は9月15日には、日本はもとよりグアムを射程にするほどのミサイルを飛ばしており、国連安保理決議はもはや有名無実になっています。

中国船の動きも不気味です。北朝鮮の動きに合わせるかのように、9月4日から続いて尖閣諸島沖の接続水域に侵入しています。機関砲のようなものを搭載している船もあると報じられており、大きな脅威を感じます。

そんな環境下にある今、歩みを前に進めるべく、「加計問題の本質は何か？」「官僚体質の問題とは何か？」について考えたいと思い、本書を記しました。

ただ前提として申し上げておきたいのですが、官僚の人たちは、個人個人で見ると非常に優秀で志が高い人ばかりですし、業務に対しても非常に真摯であり真面目で、国民のことを真剣に考えています。

でも不思議なもので、**これが集団になると、自己保身や既得権益の維持に走り、さらには縦割り行政の弊害を生み出してしまう。**

これこそが日本の政治改革を妨げる大きな原因となっていると言わざるを得ないでしょう。加計問題はそのひとつに過ぎないのです。

先程も少し触れましたが、私は現役の国会議員であり、医師であり、さらに国立大学の招聘《しょうへい》教授です。

加計学園の問題の本質はひとつの視点からでは理解は難しいでしょう。本書では私の持つ3つの視点から加計学園の本質を捉え、そして官僚とはどんな人たちなのか、さらには社会保障制度改革・医療制度改革などの政治改革をいかになすべきかを具体的に提案していきたいと思います。まさに〝**政界のお医者さん**〟**として、「官の植民地化」にメスを入れていきます**。

実際、私は橋下徹前代表のスピリットを引き継ぐ「日本維新の会」の一員であり、ある時は国会議員として議員定数削減・議員歳費の削減、公務員人件費削減を提案し、またある時は医師から嫌われる医師として医療制度・社会保障制度改革を提言してきました。

私たち政治家の役割のひとつは、**優秀な官僚たちをまとめ、鼓舞し、そして日本という大きな船がどこに向かうべきかを的確に指示すること**です。

それができてこそ初めて、「脱官僚」「天下り根絶」「縦割り行政の打破」は実現できるでしょう。

そのためには、**私たち政治家が率先して自分たちの身を切らねばなりません**。

本書が皆さんの政治不信払しょくの一助になれば幸いです。

目次

第2章 国会議員になってわかった官僚主導の実態

第4章　私が歩んできた道　～山中先生との思い出

最終章　日本を素晴らしい国にしよう……141

第1章　加計学園問題の闇

加計学園問題とはなんなのか?

「安倍政権最大の危機」と連日、メディアをにぎわす加計学園問題ですが、そもそも加計学園問題とはなんなのでしょうか。

「安倍首相のお友達だからさまざまな優遇を受けた」

「総理のご意向とする文書があった」

「ワインセラーなんてけしからん」

そうお怒りの方も多いのですが、きちんと問題点を説明できる方は意外に少ないのではないでしょうか?

加計学園問題とは、岡山県岡山市にある学校法人「加計学園」が、国家戦略特区制度を活用し、愛媛県今治市に「岡山理科大学」の〝獣医学部〟の新設を申請し、それが2017年1月に認められた際、その認可を巡り安倍首相の関与があったのではないかという一連の問題のことです(開設は2018年4月予定でした)。

そもそもこの計画が今治市で持ち上がったのは、第1次安倍政権時の2007年でした。この時に活用されようとしたのは国家戦略特区制度ではなく、「構造改革特区制度」だったのですが、この時の申請は却下されました。

そして、構造改革特区制度の下での申請は民主党政権時を含めて合計15回行われましたが、いずれも通りませんでした。

その後、2012年12月に第2次安倍政権が発足し、アベノミクスの3本の矢として規制改革が行われましたが、その中で既存の構造改革特区とは別にあらたに「国家戦略特区制度」が作られました。これがいわゆる**「岩盤規制にドリルで穴を開ける」**というものです。

もっとも、政府が自分たちで作ってきた制度を「岩盤規制」と表現することもどうかと思います。岩盤規制の弊害があるのであれば、その規制そのものを改善するべき役目は、政府にあると思うからです。

また、獣医学部の定員数を増加させることが目的であるならば、「特区構想ではなく、国全体の課題として取り組むべき」という声もあります。

もともと獣医学部を新設することについては、日本獣医師会から強い反対がありました。「獣医師の数は足りている」というのがその理由でしたが、本当は「自分たちの既得権益を侵されたくないからだ」という指摘もあります。

獣医師の数については農林水産省が管轄し、大学設置については文部科学省の管轄であることも、学部新設を複雑化していました。**省庁間には互いの権益について冒さないという暗黙のルールがあるから**です。

すなわち文部科学省からすれば、いくら獣医師を希望する生徒が多くても、それを養成する学部を勝手に新設することができず、また農水省にしても、獣医師の需要がどうであれ、養成する学部の設置については何も影響力を行使できないということになります。**これこそが縦割り行政がもたらす弊害の現れです。**

そして紆余曲折を経て、2017年1月に国家戦略特区会議で学校法人「加計学園」の獣医学部新設が許可された（特区認定を受けた）のです。

ここで問題とされたのは、加計学園の加計孝太郎理事長が安倍晋三首相の40年来の友人で、ゴルフや会食などを一緒にし、家族ぐるみの付き合いをしていたことでした。それまで獣医学部誘致に積極的だった民主党（当時）など野党の議員たちが、「加計学園は総理の友人として、獣医学部の認可に特別な計らいを受けていたのではないか」と疑い出したのです。

いわゆる〝忖度《そんたく》〟があったのではないか、という主張です。

折しも大阪府豊中市内の国有地の売却を巡る「森友学園問題」が国会で取り上げられ、実態が不明なゴミ処理代金を控除して鑑定価格よりも8億2000万円も安く購入されていた件が追及されていたのとほぼ同じ時期でした。

この森友学園が新設する『瑞穂の國記念小學院』の名誉校長に、安倍首相の昭恵夫人が就任することになっており、また小学校の名前も当初は『安倍晋三記念小學院』と予定していたのです（総理は打診があったが断ったと答弁しています）。

ですから、土地取得に関して「総理夫妻から特別の計らいがあったのではないか」との疑惑の目が向けられたのです。

このふたつの問題に共通することは、経営者が安倍夫妻に近いということでしょう。すなわち偶然にも経営者が安倍首相夫妻と緊密な関係にあったゆえに、そこになんらかの配慮が行われたのではないかという追及がされるようになったのです。

ふたつの問題に潜む官僚の存在

しかしこれらはそもそも、官僚の体質が問題だったと言えます。

森友学園事件の場合は、前理事長夫婦の特異なキャラクターにも注目が集まりました。彼らは初めこそ安倍首相を持ち上げていましたが、国会の答弁で安倍首相が「しつこい」と発言してからは態度が180度変わりました。

昭恵夫人から「100万円の寄付を受けた」と主張したり、テレビやネットに頻繁に出演するなど注目を浴びました。そんな「個性」ばかりが誇張されていましたが、森友学園の問題も**そもそもは「官僚の忖度」の問題だったのです**。

いわゆる官僚の出世志向が、わかりやすく言えば、権力者の周りにすり寄っていった構図です。権力者から直接指示がなくても、その名前でもって便宜を図る——**結局は官僚特有の保身から出たものだったと言えるでしょう**。

加計学園の獣医学部新設問題については、これに加えて**文科省と農水省の省庁間の問題がありました**。そもそも獣医学部は50年間も新設されることがなく、定員数も197

5年に930名と決められて、それ以降は変えられていません。

こうして省庁（官僚）が獣医師の数をコントロールすることにより、獣医師の存在そのものが、獣医師会などのいわば〝既得権益〟となっていたのです。

しかし実態はどうでしょうか。

農水省は「獣医師の数は足りている」としていますが、実際には、産業用動物の獣医師が不足していますし、各自治体の検疫や衛生検査をする公務員獣医師も不足しているような状況です。その一方でペット診療の獣医師は過剰気味という、獣医師の偏在があることも注視すべきでしょう。

役人は獣医師の現場を理解しているか

そもそも、「獣医師」の役割とは、牛・豚などの産業動物や犬・猫などの伴侶動物の診療業務、動物の輸出入検疫などの家畜防疫業務、食肉・食鳥の衛生検査といった公衆衛生関係業務、動物愛護や野生動物保護管理業務、トランスレーショナルリサーチや製薬・食品といった企業の研究開発などで、その活動範囲は多岐にわたります。

獣医さんというと、「ペットのお医者さん」「動物のお医者さん」というイメージが強いと思いますが、例えば動物園のライオンなどの診察は、獣医師の免許は必要ありません。極端に言えば、獣医師の資格がなくても、動物園の動物たちの診察や治療をすることが可能です。しかしながら実際には、きちんと動物の生態を勉強した獣医師の免許をお持ちの方が採用されています。

また、爬虫《はちゅう》類・両生類のペットの診察で動物病院に行かれる方も多いかと思いますが、必ずしも獣医師に診察をしてもらわなくてもいいのです。実際、爬虫類・両生類を取り扱うと表示している動物病院はまだ少なく、体調が優れない場合などは、購入したペットショップなどに相談するのがいいようです。

余談になりますが、超党派の「爬虫類両生類を考える議員連盟」が2016年10月に発足しました。私も「フトアゴヒゲトカゲ」を飼っている関係で声掛けをいただき、議連のメンバーのひとりに名を連ねました。爬虫類と両生類については、まだ生態について認知が不足しているので、誤った理解に基づく規制が適用されている実情を改善するために活動をしています。

さて話を戻しましょう。農水省は果たして、**獣医師の需要実態を把握しているのでしょうか。**私は人間を診る医師ですが、獣医師さんなど現場の声をヒアリングする限り、疑問を禁じ得ません。また海外の獣医学研究機関と比べ、日本は大きく遅れを取っていることも事実です。獣医師の数も研究の予算も規模も設備も「足りている」とはとても言える状態ではありません。

だからといって、私は、獣医学部の新設について、簡単に認めるべきではないと思います。とりわけ加計学園による獣医学部の新設には疑問があります。

それはなぜか？　そもそもこの獣医学部の新設というのは国家戦略なんですよね。**だったらもっと〝戦略的〟なものがあっていいはずです。**

例えば、「日本の獣医学研究を世界に誇るものにする」「日本の優秀な獣医師を海外に派遣する」などの高い目標を掲げ、政府が責任を取ることを明確にする上でも、省庁な**ど国の行政機関の付属機関として置かれる大学校（文教施設）の形にしてもよかった**のにと思います。大学校は、学校教育法の定める大学には含まれませんから、文部科学省の関与も薄くなります。国土交通大学校・気象大学校・防衛大学校・防衛医科大学校・自治大学校・海上保安大学校などがそれにあたります。

つまりは、防衛医科大学校のように卒業後の進路に深く関与し、指定した地域や機関で一定程度の期間働けば、学費の返済を免除するような獣医大学校を創設するのであれば、理解ができるというわけです。

ところが今回はそんな戦略がほとんど見えません。そもそも獣医学部新設については、第2次安倍改造内閣で国家戦略特別区域担当大臣になった石破茂議員（自民党）の主導で、２０１５年６月30日に国家戦略特区制度で獣医学部を作る時に満たさなければならない「４条件」が閣議決定されました。いわゆる『石破４条件』ですね。

【石破４条件とは】

①感染症対策や生物化学兵器対策など、新しいニーズに応えるもの
②新しいニーズに対応できるだけの教授陣、施設などが備わっていること
③獣医学部を新設しても、獣医師全体の需給バランスに悪影響を与えないこと
④産業用動物の獣医師が充足されること

この条件を見れば、新設の獣医学部は優れた研究機関でなければならないはずです。加計学園が愛媛県今治市に新設する獣医学部は、果たしてこれらの基準を満たすのでしょうか。私は素直に「うん」とは首を縦に振れません。

というのも、研究機関として優れた研究者を広く受け入れるレベルの高い施設が作れるのか疑問だからです。そもそも加計学園にはこうした若くて有望な研究者を全国から惹きつけるブランド力があるのでしょうか。

医師の視点から見た加計学園の実態

私の医師としての視点を交えながらもう少し詳しく見ていきましょう。

現在、加計学園が経営する大学は、「岡山理科大学」と「倉敷芸術科学大学」、そして「千葉科学大学」の3校です。

このうちグループの中核となる「岡山理科大学」は、偏差値こそ50に満たないものの、歴史と知名度ゆえか、定員をほぼ満たしています。ところが「倉敷芸術科学大学」は定員の3分の2しか満たさず、特に産業社会学部は定員90名に対して8名の留学生を含めても36名しか入学していません。

さらに「千葉科学大学」は、偏差値は40に届かず、看護学部以外は定数を満たしていません。薬学部に至っては、入学用のパンフレットに「2012年~2016年薬剤師国家試験平均合格率を83・9%」と謳《うた》っていますが、果たしてその数字は本当でしょうか。実はこれには、医師なら気づくからくりがあるのです。

医師などの国家資格試験は、**一定の水準を満たさない限り、受験させてもらえません。**国公立の医学部などは卒業生のほぼ全員が国家資格試験を受験できますが、偏差値など条件に満たない大学の医学部の卒業生の場合、受験レベルに達せずとみなされ、受験できないことがあるのです。

ちなみに私の卒業した神戸大学医学部は昨年の国家試験の現役の合格率は約95%でした。国公立の大学の中では標準的な数字です。

千葉科学大学薬学部の場合、2017年3月に行われた薬剤師国家試験では、受験者数は28名で、合格者数は24名でした。**しかしその6年前の2011年に同校同学部に入**

学した人は77名いたはずです。

こうした数字を鑑みれば、加計学園では優秀な学生を集めるのは難しいのではないでしょうか。しかも、獣医師の国家試験の場合は、ＩＳＣのような受験制限はありません。極論すれば、どんな能力でも受験はできるのです。

ちなみに毎年の合格率はおよそ75％から84％（既卒者含む）で、どの大学も大きな差はありません。具体的に、第67回の大学別の獣医師国家試験の結果を見てみましょう。

（参考：「２０１６年までの大学別獣医師国家資格合格状況」）

■北海道大学　…　受験者数41／合格者数34／合格率82・９％
■帯広畜産大学　…　受験者数38／合格者数32／合格率84・２％
■岩手大学　…　受験者数29／合格者数27／合格率93・１％
■東京大学　…　受験者数31／合格者数26／合格率83・９％
■東京農工大学　…　受験者数36／合格者数36／合格率１００％
■岐阜大学　…　受験者数33／合格者数31／合格率93・９％
■鳥取大学　…　受験者数30／合格者数29／合格率96・７％

■山口大学　…　受験者数31／合格者数26／合格率83・9％
■宮崎大学　…　受験者数31／合格者数27／合格率87・1％
■鹿児島大学　…　受験者数30／合格者数28／合格率93・3％
■大阪府立大学　…　受験者数39／合格者数35／合格率89・7％
■酪農学園大学　…　受験者数146／合格者数125／合格率85・6％
■北里大学　…　受験者数130／合格者数115／合格率88・5％
■日本獣医生命科学大学　…　受験者数93／合格者数82／合格率88・2％
■日本大学　…　受験者数129／合格者数117／合格率90・7％
■麻布大学　…　受験者数142／合格者数118／合格率83・1％
◆新卒者数計　…　受験者数1009／合格者数888／合格率88・0％
◆既卒者数計　…　受験者数282／合格者数135／合格率47・9％
◆合計　…　受験者数1299／合格者数1024／合格率78・8％

ここに並ぶ大学の数字から考えると、加計学園が経営してきた大学のレベルでどの程度の合格者を出せるのか、だいたい想像できるのではないでしょうか。

よって加計学園が獣医学部を今治市に設置しても、獣医学部としてやってはいけるか私には疑問が残ります。

さらに問題は獣医学部というのは維持するのに巨額の費用がかかることです。その赤字についてはグループ中核の岡山理科大学から補てんされることになっているそうです。しかし同時に、**巨額の補助金もまた、投入されることになります**。

実際のところ、獣医学部新設の申請書の書類には、教授陣の人材不足が目立っています。私もかつて神戸大学を卒業後、大阪市立大学の大学院で医学の研究をしていたからわかるのですが、若くて優秀な学生や学者たちは「自分の将来のためにいい研究をしたい」と思っています。つまり**充実した設備と潤沢な研究費があるところに人材は行きたがるのです**。

加計学園が新設する岡山理科大学獣医学部は、そうしたニーズを満たすのでしょうか。医師でもある私からするとはなはだ疑問です。

そもそも大学の定員割れが生じる少子化社会において、こうした学校を新設する必要があるのでしょうか。問題の本質はここにもあるのです。

獣医学部に真に求められているもの

といっても、私は獣医学部の新設自体が不要だとは思いません。そもそもの問題は、果たして**現状のニーズに対して、獣医学部設置に関わる関係官庁がきちんと認識できているのかどうかという点**です。

そもそも**「地域性の要件」**は、なぜ決まったのでしょうか。それゆえに京都産業大学の獣医学部新設がはねられた要件です。

獣医学部は東日本に偏在しており、入学定員についても東日本の735名に対し、西日本は195名と偏っています。そこで西日本、特に四国には獣医学部がないからと、愛媛県と今治市が力を入れたのは納得できます。しかし「地域性の要件」はどうしても必要なものなのでしょうか。

「地域性の要件」を必要とする人は、鳥インフルエンザや口蹄疫《こうていえき》などが発生した場合への対処を根拠とします。しかしこうした流行性の病気については、獣医学部が対処することはありません。このような場合、まず動くべきは都道府県であり、獣医学部はその基盤の支援をすべきなのです。

たしかに、近年の獣医師の活動では、口蹄疫や高病原性《こうびょうげんせい》鳥インフルエンザなどの人獣共通感染症や新興・再興感染症への対応、ＢＳＥなど新たな疾病の発生などによる食の安全への対応がますます重要となっています。

また、獣医学とは、「人類の食と豊かな生活」の基盤を支えている分野です。生物学に基礎を置く応用科学で、人類と動物の福祉に貢献することを理念としており、具体的には、畜産学・獣医学に分けられ、獣医学は、産業動物・伴侶動物・野生動物・実験動物などを対象とする基礎生命科学及び応用動物科学です。

ここで私が言いたいのは、新設の獣医学部は、鳥インフルエンザや口蹄疫などが発生した場合への対処の拠点となることを強調していますが、医学部で例えれば、「産婦人科に特化した大学を新設します」と言っているようなものでしょう。**言いたいことは理解できるが非現実的な話だということ**です。

とりわけ、自治体に勤務する公務員獣医師の不足については、深刻な問題となっています。獣医師の育成は地元の経済や地域振興と密接な関係にありますが、必ずしも地元の獣医学部を卒業したから地元の公務員になるとは限らず、勤務地域は各々でいろいろと選ぶことができます。

むしろ重要なのは、そうした**職場環境が魅力的なものであるかどうかではないでしょうか**。とりわけ行政獣医師や公衆衛生獣医師など公務員獣医師の勤務条件については、早急に見直すべきだと思います。

ペット獣医師の平均収入との格差もさることながら、定員不足からくる厳しいシフト体制も、獣医師が補充されれば改善されていくと思っています。

このままでは肉が食べられなくなる？

私はこれからの日本にとって、獣医学部が非常に大きな役割を果たすだろうと思うのは、「TPP」（環太平洋経済連携協定）についてです。この視点を持っている政治家は実は少ないんですね。

アメリカでは今年、共和党のドナルド・トランプ氏が大統領に就任しました。国内の産業保護を主張するトランプ大統領は、大統領選の時からTPP参加については否定的で、昨年の当選直後に正式に不参加を表明しました。今のところ、アメリカがTPPに参加する様子はまったく窺うことができません。

しかし今後また、アメリカがTPPに注目しないとも限りません。というのも、もともとアメリカの政治というのは、外向きになる時期と内向きになる時期を何度も繰り返す傾向があるからです。

ですから、もしアメリカがTPPに参加すれば、**日本の農業、特に畜産業はアメリカ主導になりかねません**。さまざまな基準を決めるのがアメリカになれば、日本は自由に食料を輸出入することができなくなる恐れがあるのです。

要するに、アメリカがTPPに参加すると、畜産製品のすべてについて牛耳るのはアメリカということになりかねません。**アメリカの獣医学の専門医の資格がなければ、日本は輸入の牛肉などを食べられなくなる可能性も出てくる**のです。

この話は、実際に加計学園から声がかかった獣医学部の現役の准教授が指摘していたお話です。

というのも、今の日本の獣医学教育は小動物臨床については国際基準に到達しているものの、大動物臨床とライフサイエンス（生物科学）、さらには感染症対策の面で世界水準に追いついてはいないからです。残念ながら日本で世界の先頭を走っているのは生命科学の分野では、「iPS細胞の研究のみ」というのが現実です。

よって今後、世界で通用する獣医師教育を行う際に特に力点を置くべきは、**家畜などの大動物の臨床とライフサイエンスの分野だと言えるでしょう。**それこそが本当の意味での「国家戦略」です。

世界から遅れを取っている日本の獣医学教育

例えば2017年3月3日に行われた「日本学術会議食糧科学委員会獣医学分科会」の報告によると、

①獣医学教育が1978年に4年制から6年制に移行したものの、欧米並みの規模の獣医学部を設置し、実務教育を充実させようという観点に欠けていること

②食料供給の維持とともに食の安全性に関わる諸事項の規格化もしくは統一化が求められているが、これに関わる獣医師の役割が国際的に求められていること

を認識しつつ、以下のように提言しています。さらに詳しく見ていきましょう。

①社会的ニーズの再認識の重要性

「国内外の社会情勢の著しい変化に伴い、人獣共通感染症や家畜疾病対策、食品安全対策、伴侶動物への高度医療対応、野生動物の管理保護、グローバルに展開する医薬品開発を支える動物医学など、新たなニーズが生まれている」

②社会的ニーズに対応した教育水準

「臨床獣医師の育成に重点を置く欧米の獣医学教育水準をそのまま採用することは適切ではないが、ＯＩＥ（国際獣疫事務局）が動物感染症対策や食の安全維持に重要な役割を果たす獣医師教育の質の保証について、国際的な課題として提示する基準は参考にすべきである」

③教育評価の仕組みの構築

「ＥＡＥＶＥ（欧州獣医学教育認証機構）やＡＶＭＡ（米国獣医師会）の評価基準の基

本を参考にして、我が国独自の教育基準を作成し、それを適正に評価できる人材を育成する」

④アジアを視野に入れた獣医師養成

「食料の多くをアジアから輸入し、また感染症の蔓延しやすいアジアに位置する日本は、そのリスクと課題を共有するアジアを視野に入れて獣医師養成に努め、将来はアジアに適用できる国際的教育基準を策定すべきである。また農学分野以外との連携も視野に入れるべきだ」

⑤評価結果に対応した実効ある改善

「組織・体制の整備のために、２０１３年に開始された国立大学間の共同教育の方法および組織統合を果たし、教育内容を深化させる必要がある。私学においては自助努力をいっそう求める。また専任教員数の確保も重大なテーマだ」

このうち、ヨーロッパで採用されているＥＡＥＶＥの評価システムは、すべての学生に対し、すべての動物種について十分な症例を活用して教育すること、特に実践的臨床教育や公衆衛生関連教育に力点を置いています。

実際、国公立大学の間では、「北海道大学と帯広畜産大学」、「岩手大学と東京農工大学」、さらには「岐阜大学と鳥取大学」、「山口大学と鹿児島大学」というふうに、大学同士で共同教育が行われています。

例えば北海道大学と帯広畜産大学の間では「共同獣医学課程」を作り、北海道大学では小動物臨床・感染症・ライフサイエンス・環境科学を学ぶことができ、帯広畜産大学では大動物臨床・公衆衛生・家畜衛生・食品安全について教えています。この画期的な共同教育により、学生は高度かつ多様な教育を受け、高い専門性を身に付けることができますし、より充実した学習環境の維持・発展が可能になるわけです。

また獣医師の育成のほか、加計学園と同時に獣医学部の新設を申請した京都産業大学は、人間向けの新薬開発やiPS細胞研究によって家畜を扱う最先端の研究者を育成することを主とした目的にしていました。

さて、iPS細胞といえば、2012年にノーベル生理学・医学賞を受賞した京都大学iPS細胞研究所所長の山中伸弥博士ですよね。

実は私は、**山中先生と同じ神戸大学医学部卒業で、ラグビー部の後輩です。そして、**

大阪市立大学の大学院でも、山中先生と同じ感染動物実験舎にいたんです。といっても、教室も研究の対象もそれぞれ違いましたし、ただ同じ部屋のお隣の机で実験をしていたという間柄でしたが、今でも親しくさせていただいています。

山中先生とのご縁はあとでお話しすることにして、京都産業大学が獣医学部新設の際に作成した資料（「京都産業大学獣医学部設置構想について」）を詳しく見てみましょう。いかに最先端の獣医学教育を行おうとしていたのかがよくわかります。

高度なライフサイエンス教育を目指した京都産業大学

京都産業大学が獣医学部を創設しようとしたのは、ライフサイエンスに注目したためです。ところが獣医学部卒業生はその分野ではまだ進出が十分ではなく、現状では獣医学部の卒業生のうち、医薬品業界への就職は4・6％で、実験動物医療研究に進んだのは0・5％に過ぎません（平成26年調べ）。

しかし医薬品業界では獣医師資格を持つ人材への需要は実は高いのです。同資料にはこのように記載されています。

――創薬に取り組む製薬企業を対象とした「創薬等ライフサイエンス分野に携わる獣医師」の必要性に関する意向調査では、31社から回答をいただき、毎年獣医師を確保できているのは5社のみで、応募者が少なく採用が困難との回答。

また、実験動物としてのブタの有用性と重要性を認識していることが明らかになった。製薬企業のほとんどが創薬分野における獣医師育成の期待を持っており、獣医学教育には、創薬分野における病理学、実験動物学、薬理学などのさらなる充実化を求めているとともに、既存の獣医学部にないライフサイエンス分野に精通した獣医師の輩出を期待していることが判明した――

というのも、バイオ技術を利用した創薬分野の拡大の可能性は大きく、iPS細胞を用いる再生治療には大きな期待が寄せられているからです。しかもパーキンソン病や筋ジストロフィーなどの難病、糖尿病や癌などの治療にもそうした研究の成果が見られるというのですから、期待は大きいですよね。

これも、山中先生の京都大学iPS細胞研究所と連携するから成せることです。同資料によると、ｉＰＳ細胞の研究進展状況は次のページの表のようになっています。

さらに京都産業大学の場合、ブタを用いた実験を重視しているのが特徴的です。というのも、新知見の臨床には動物実験が必要になるのですが、既存の16の獣医学部では実験で用いるのはもっぱらマウスやラットなど小型動物で、ブタなど中型動物を実習で用いるところがまだ国内にはないからです。

私もハムスターという小動物を用いた実験をずっとしていましたし、臨床の場ではブタの椎間板《ついかんばん》を実験に使用していたのでよくわかるのですが、**マウスよりもブタのほうが、臨床実験にはるかに適しています**。ブタは寿命が長く（マウスが平均2年に対してブタは15年）、解剖学的にも生理学的にもヒトに近いからです。

またブタは食用家畜として改良されてきたため、ヒトに近いサルや、愛玩動物であるイヌやネコなどを用いるよりも、実験対象として動物愛護の点で抵抗感が小さいのも利点でしょう。

しかも京都産業大学の場合、２００６年にすでに鳥インフルエンザ研究センターを設置し、２０１１年には大阪大学微生物病研究所と高病原性鳥インフルエンザが多発して

3　創薬分野における新たな研究開発の進展

（1）ｉＰＳ細胞

ｉＰＳ細胞を用いる研究開発は急速に進展している。特に、再生医療については、パーキンソン病、糖尿病、筋ジストロフィーやがん等の疾病や心筋再生治療等の研究に成果が出ている。

一方、iPS 細胞を用いた創薬の試みも早くから行われている。しかしながら、マウスやラットにおける細胞レベルでの効果は確認できても組織レベルでの効果実証には至っていない現状がある。

（2）京都大学ｉＰＳ細胞研究所

京都大学ｉＰＳ細胞研究所では、難治性神経疾患に対する創薬基盤開発やｉＰＳ細胞由来の心筋細胞及び血液細胞を用いた再生医療、創薬、疾患研究等様々な分野の研究が行われており、当研究所との意見交換の中で、再生医療や創薬分野での安全性や効果を確認するには、臓器の構造がヒトと類似性が高いブタを活用した組織レベルでの効果・安全性の確認と併せてブタの専門知識を有する研究獣医師の役割が今後の技術開発を加速させるとの認識である。

iPS細胞の研究進展状況（2015年）

対象疾病等	研究の目標	現在の研究状況
パーキンソン病	ドーパミン産生神経細胞作成	モデルサルで実験中
糖尿病	インシュリン産生細胞作成	マウスへの移植で人のC-ペプチッド増加
心筋再生	心筋、内皮細胞、血管壁細胞で構成された心筋細胞シート作成	モデルマウスで効果確認
筋ジストロフィー	骨格筋細胞作成	免疫不全マウスに移植病態発現成功
がん	ガン細胞攻撃特定T細胞作成	特定T細胞作成中

iPS細胞を用いた創薬の試み

① 神経細胞に誘導してアルツハイマー病治療薬のスクリーニングの試み（2011年井上ら）

② 心筋細胞に誘導して薬剤の効果や安全性を確認する試み

③ 有効な化合物の探索をiPS細胞から誘導された様々な細胞で実施する試み

「京都産業大学獣医学部設置構想について」より引用

いるエジプトでの共同研究を実施しました。

さらに2010年には獣医学部を目指した総合生命科学部動物生命医科学科を創設するなど、京都産業大学は着々と獣医学部を創設する準備を整えてきたと言えます。

また京都産業大学は、経済学部、経営学部、法学部など9の学部を持つ総合大学で、そうした学問との連携も可能です。

ノーベル生理学・医学賞と直結した獣医師教育を念頭に置いていたのは、評価できると思います。

なぜ京都産業大学よりも加計学園が優先されたのか

ところが比較的充実した内容を示した京都産業大学の獣医学部の新設構想でしたが、京都府は準備不足を理由に断念し、愛媛県今治市の加計学園の獣医学部新設のほうが許可されることになります。

京都産業大学は将来のバイオを見据えた国家戦略に直結する計画でしたので、国家戦略という意味では、こちらのほうが戦略だと言えると思います。しかしながら、政府が許可するのは「1校1地域に限定する」という立場を崩さなかったため、どちらかを選ばないとならないという状況において、優先した条件があったのです。

ここで「地域性」という要件が出てきます。

すでに関西圏で大阪府立大学の生命環境科学域の中に獣医師養成コースがあるため、獣医学部はほかの足りない地域に作るという方針です。

国家戦略特区への申請は、自治体が行うことになっており、今回の獣医学部新設には、新潟県、愛媛県、京都府が申請をしました。各自治体が、学校法人と協力して計画を練り、申請書類を提出しています。その際、どの程度自治体が資金面でも協力するのかを具体的に盛り込まなくてはいけません。でも私は思うんです。京都産業大学の例で言えば、京都府議会で議題にかけ可決した上で申請をしているという地方自治は尊重するべきではあるものの、もしどうしても四国にただひとつの獣医学部を作るという国家戦略を立てたのなら、**なぜ京都産業大学の誘致を考えなかったのでしょうか**。

愛媛県今治市は、加計学園に16・8ヘクタールもの広大な土地を無償提供しました。

これには約36億円相当という数字が出ています。また今治市議会は２０１７年3月3日、校舎建設費用として64億円を上限に負担することを決定しています。つまり、愛媛県の負担と合わせると、96億円を上限とする負担となります。

これだけ大きな負担を税金からするのなら、不治の病に対する治療薬の開発など、もっと大きな夢のあるほうがいいですよね。愛媛県の人も今治市の人も、そう思っているのではないでしょうか。もちろん獣医学も大事ですが。

そこで、加計学園には獣医学部を諦めてもらって、**その代わりに京都産業大学に来てもらうという発想はなかったのかということです。**

そういう適正配分を国家が行うことこそが「岩盤規制をドリルで開ける」ことになったのではないでしょうか。「国家戦略」と称する限りは、そこまで大胆に国が動いてもいいと思うんですけどね。

先程も綴りましたが、あるいは自治医大や防衛医大のように、卒業後の一定期間、指示されたところで働くことを義務付ける代わりに授業料を免除するような獣医学部を国が作ることもひとつの策でしょう。

そんな制度ができれば自然に優秀な学生が集まりますし、公務員獣医師が不足している地域に卒業生を派遣することも可能になります。需給バランスの悪さも改善されて、いいこと尽くめではないでしょうか。

でもいくらいいことでも、そういう思い切ったことを、官僚はしないんですよね。提出された書類を淡々と審査して、なんとなくこっちのほうが政治的に強いなと思ったら、そっちに判子を押す。

官僚の知識や見識が、実態に追いついていないことも原因のひとつにあります。

高度なライフサイエンス教育が獣医学の教育水準をグローバル化することに貢献し、日本の食の安全を保障することにつながるというのに、その認識がないのです。先を見据えた施策ではなく、今の問題を改善するための施策にばかりに追われているからだと思います。

医療でいうところの、病気の原因を治すのではなく、その時その時の症状だけを治す対症治療をしているからでしょう。

それでは、今までの政治となんら変わらないのではないでしょうか。私がその責任者なら、「脱官僚」「政治主導」で１００年後の日本を見据えてやります。既得権益維持と既得権益打破、どっちが日本に本当に有益になるか明白でしょう。

大阪は国より一歩進んでいる！

私の選挙区がある大阪府では、政府の政策より、進んでいることがいくつもあります。高校の授業料は、私立・公立を問わず実質無償化されていますし、大阪市は、就学前児童４歳児、５歳児の教育無償化も実現しました。

また、**大阪市立大学と大阪府立大学が２０２２年に統合することが正式に決定しました**が、これは府立大学と市立大学の統合という全国初の事例になります。

この構想は橋下徹前代表が大阪市長に当選した２０１１年に発表したものです。それぞれの強みを活かし、大阪の成長戦略に貢献することを目的としています。当初は２０１６年４月にスタートするはずでした。しかし議会の反対などで暗礁に乗り上げていたのですが、ようやくこのたび実現することになりました。

少子化を受け、このような大学の統廃合は業務のスリム化はもちろん、教育研究の質を向上させ、国際競争力を高める上でも極めて重要なことなのです。

大阪市立大学は医学部を持ち、大阪府立大学は獣医学科にあたる課程を持っていますから、専門学部を持つふたつの大学がひとつの大学になることは、研究基盤が強化され、教授陣の層も厚くなり、教育環境が充実することを意味するわけで、学生の育成や国益の観点からも素晴らしいことだと思います。

私は大阪市立大学と大阪府立大学のふたつの大学の統合は、大阪への貢献だけではなく、日本にとって大きなチャンスを生み出すことにつながると思っています。それを視野に入れて実行するのが行政なのです。

国も大阪の試みを見習うべきではないでしょうか。

森友学園問題と加計学園問題は、官僚主導の弊害の一端に過ぎません。これらを「ああ、そんなのあったね」で風化させるのではなく、その本質を捉え、よりよい国づくりにつなげていく必要があるでしょう。

第2章　国会議員になってわかった官僚主導の実態

政治家は自分の身を切ろうとしない

いきなりですが、私は医師として患者さんの悪いところを発見するのがとても早いんです。おかげさまで、〝なにわのブラックジャック〟〝腰痛や頸痛《けいつう》のヘルニア治療の名医〟という評価もいただいていますが、私には患者さんの悪いところが光って見えるんです。だから「ここがアカンところだ！」とすぐにわかるんです。

政治も同じで、どこが悪いのかということがすぐにわかります。なんというか、そういうところにはどんよりと鈍い光が見えるんですね。

「行政改革だ、財政改革だ」とか「公務員改革だ」などというのは、誰でも言葉では言えます。でも口で言うだけで実行が伴わない政治家がいかに多いことか。いわゆる「言うが易《やす》し行うは難《かた》し」で、そういう政治家の顔は、どんよりと濁《にご》っているものです。

その中で、まともに日本を変えようとしているのは、我々「日本維新の会」だけ、と胸を張って言えます。その源流である「大阪維新の会」の誕生の背景には、自民党の中では「自分たちの身を切れない」と、袂《たもと》を分かつ結果となりました。

「古い政治を壊す」
「新しい政治を作る」

これこそが我々の「一丁目一番地」です。

口で言うのは簡単ですが、**まずは自分の身を切ることから始めなければ、誰もついてきてはくれません。**

最初は数名の大阪府議や大阪市議などが、橋下徹前市長や松井一郎代表に賛同して結成した自民党の改革のグループとして始まりました。

そして2015年の統一地方選では大阪府議会の過半数を制し、わずか2週間で議員定数2割削減と議員歳費の3割カットを実現しました。たったの2週間ですよ。**まずは自分たちの身を切る改革――これは維新にしかできないでしょう。**

翻って、国会はどうでしょうか。次期衆議院選からは定数は480人から475人になって少しは減りますが、わずかマイナス5議席です。国会議員の定数削減を国民の皆さんと約束してもうどれくらいの年月が経ったでしょうか？

国会議員の歳費もどうでしょう。国会議員の歳費は法律で決まっており、衆議院議員も参議院議員も月額129万4000円で同じです。これにいわゆる夏と冬のボーナスである期末手当が635万円加えられ、年額で2200万円程になります。

これは一時的に減額されたこともありました。2011年3月11日に発生した東日本大震災の復興費用の捻出のため、2012年5月分から12・88％減額となったのです。また同年の12月からは20％削減とされましたが、これはあくまで暫定措置ということで、2014年4月までしか行われませんでした。震災の復興はなかなか進まなかったのに、歳費は元に戻されたのです。

なぜこういうことになったのか。それは**歳費の削減を継続するかどうかを決めるのが国会議員だからです**。たしかにお金が欲しくない人間なんて普通はいませんし、議員も同じなのでしょう。だから歳費減額を続けられなかったのです。

そんな政治家がたとえば「公務員人件費削減」を謳ったところで、まったく説得力もありませんし、誰が信じてくれるでしょうか？　果たして誰が付いてきてくれるでしょうか？　自分の身を切らずして、日本の危機的な財政状況の手術などできるわけがありません。

本気で改革に取り組まない党と組むことはない

さまざまな政治改革がなかなか実現できない原因も、これと同じ構造でしょう。改革を阻んでいるのは、政権を牛耳っている与党の自民党です。というのも、長らく政権にある自民党が、既得権益を手放したくないということは明らかでしょう。実に美味しいその特権をみすみす手放すことなど、とてもできないはずです。

しかし我々は違います。あまり知られていませんが、日本維新の会は２０１７年１月から、**所属議員の歳費の２割分をいったん党に上納させ、党から被災地に寄付することにしました。**

正直、これはかなり厳しい。私はクリニックの理事長なので、「伊東先生はお金があるから余裕じゃないですか」と言われることもあります。たしかに医師としての収入はそれなりにあるものの、だからこそ税率も高くなりますから、楽ではありません。

私は隠しごとが嫌いなので、詳細にお伝えしますが、毎月振り込まれる歳費の明細を見ると、いろいろなものが控除されたら、手元には40万円くらいしか残っていないんです。控除の中には、被災地への寄付分に相当する党への上納金も含まれています。

歳費のほか、月額100万円（非課税）の文書通信交通費も支給されています。領収書の公開義務のない使途を制限しない経費として、たびたび国民から批判の対象となっているものです。しかし、日本維新の会だけは、文書通信交通費の使途を党本部のサイトで毎月公開しています。インターネットで全世界に公開することにより、使途を明確にし、国民から理解してもらう努力を続けているのです。

そのほかにも、国会議員の支出として、事務所の家賃のほか、コピー・ファックスのリース代などさまざまな経費を支払っていかなくてはいけません。私設秘書の給与も自分の資金から支払わないといけません。正直、とても資金繰りは、大変です。

やせ我慢でも歯を食いしばってやっていく。

まずは自分の身を切る。

そして政治改革を進めていく。

これこそが国民の皆さんへ国会議員が示すべき姿勢ではないでしょうか。

だから我々とは違う体質の自民党が、その体質を変えない限り、一緒にやっていくことはありません。

もちろん自民党の議員さんとは医療改革や憲法改正などさまざまな政策議論はします。でも議論することはそもそも国会議員の職責であって、無条件で自民党と連立を組むつもりはまったくありません。というのも、我々にとって**何がなんでも与党になるということが目的というわけではない**からです。

我々には、今掲げている政策は、「必ず実現しよう」という強い思いがあります。そういう意味で「是々非々」の姿勢で、与党の政策にも賛成も反対もすることがあります。こちらの政策がより良い場合は、協力して法案を提出することもあります。

しかしながら、我々の勢力は減ってしまいました。今や衆議院でわずか15名、参議院でも11名の合計26名に過ぎません。維新の党の時代は２０１５年の12月には52名（衆議院議員41人・参議院議員11人）と多かったのですが、分裂して出ていってしまいました。

厳しい言い方になりますが、しょせん彼らには、本気で身を切る改革に取り組むつもりはなかったと言わざるを得ません。彼らの多くは、自分の力で前回の総選挙で議席を勝ち取ったわけでもないのに、民進党に合流して、自分の議席を確保するためだけに政策の違う共産党や社民党などと野党共闘を続けようとしています（民進党の前原新代表も野党共闘解消の明言は避けています）。実に、残念だと言わざるをえません。

もっとも政治家が「身を切る改革をします」と口で言うのは簡単なこと。しかし、実際に行うのは大変困難なことです。私は有権者の皆さんに嘘はつきたくないんです。

本当に改革したい——。

ただ、その実現のためには、すべてをひとりでするわけにはいきません。資料作成やデータの準備には、どうしても官僚の助けを借りなければならないのです。

ひとりひとりの官僚は優秀だが……

皆さんは官僚に対してどのような印象をお持ちでしょうか？

政治家として私が見た官僚像は……そのひとりひとりは、非常に優秀です。言うまでもなく頭もいいし、しかも国会質疑のために、法案審査のためのヒアリングなどで事務所に来てもらって個別に話していると、真剣に国民なり国家なりについて考えている人が大半です。

また驚くほど専門的な知識を持っている人も少なくありません。そういう人はなんというか、いい意味でオタクっぽいタイプが多いんですよね。情報がものすごくディープなんですが、これは大切なことだと思います。

もっとも私自身も、科学というか医療分野ではオタクの部類に入っていると思っていますから、彼らに対して妙な親近感があります。

医学・科学に関する専門的な話をしていて「ああ、この人とは話ができる」「よく知っているな」とか「ウマが合う」と思うわけです。だからこそ話も弾むし、あちらも同じことを思ってくれているんじゃないか、ということでシンパシーも感じています。

あと意外に思われるかもしれませんが、政党の役付きになると、官僚側から積極的に提言してくれることがあるんです。

「伊東先生、この件はこうしたほうがいいんじゃないですか」

「実現するためにはこんな考え方が必要だと思います」

その内容がとてもよく練られている案ばかりで、非常に参考になるんですね。そこで政治家である私が「それはこうしたほうがもっといいんじゃないか」とさらに付け加えるわけです。こうして侃々諤々《かんかんがくがく》と話しているうちにアイデアがどんどん膨らんでいき、ひとつの政策として完成された形になっていくのです。

個人としての官僚、組織としての官僚

ここで政治家にとって重要なのは、決して自分を偉そうに見せないことです。

議員はわかっていないのにわかったふりをすることがあります。

一方で官僚はわかっているのにわかっていないふりをすることがあります。

お互いにそんな姿勢を貫いていては、何も得ることができなくなるので損なだけですよね。いかなる時も、政治家は謙虚な気持ちを忘れてはいけません。

官僚たちは組織として膨大なデータを持っているのだから、いくら経験を積んだ政治家でも個人では太刀打ちはできない。だからこそ勉強して官僚を負かすというのではなく、「教えてもらう」という態度を示さないといけません。

そうすれば官僚も、「ここまで言っていいのか」というくらい情報やデータを提供してくれることもあります。それが国民の皆さんに有意義な政策立案に役立つのです。

もちろん医療については、私はその専門家ですから、分野によっては、官僚よりも知識がある場合もあります。だからこそ私と医療改革に関する話をする時は先方が私に敬意を払って質問してくるのがわかります。「知の集積」を計りつつ、向こうも謙虚な姿勢で臨んでくれる。こうなると非常に有意義な時間になります。だから官僚との意見交換をする時間は、私にとって知的な刺激があるとても楽しい時間なのです。

でもそうした個々の官僚の印象はともかく、**集団組織としての立場になると、官僚像というのは全然違ってきます**。

例えば自分が所属する委員会で質問に立つ前日に、数人の官僚相手に質疑通告といって、質問内容の説明を行います。その時に「では大臣にこういう質問をしよう」と専門的な内容を詰めようとすると、それまでは協力的だったその態度はガラリと変わります。「個人的にはそういう質問は素晴らしいと思いますが、内容が難しくて大臣が答えられません。専門的な質問は、政府参考人に答えさせます」と大臣に恥をかかせないように過剰に守ろうとする傾向があります。

　しかし、私は日ごろの付き合いから大臣の資質も理解しており、この大臣ならこの問題について、掘り下げた質問をしても答えられる、という信頼関係のもとに質問をしようとしているのです。それなのに、あーでもない、こーでもない、と屁理屈とも思える理由を並べて大臣答弁を回避しようとする姿を見ると幻滅してしまいます。

　せっかくいい質問をしようとしていたのに、こういうことを官僚から何度言われたかわかりません。

　またある時は、いくつかの省庁にまたがる問題を質問しようとすると、どの省庁のどの部署が答弁書を用意するのかで、私や政策秘書の前で責任の押し付け合いが始まり、あげくの果てには、「どの部署も責任を持って答弁を用意できないので、質問しないほうがいい」などと言ってくることもあります。

　個人としては極めて優秀な官僚も、このように組織の問題になると、悪く言えば責任逃れのような体質が見えてくるのです。

自ら自分たちを縛る官僚たち

いわば「石橋を叩いても渡らない」というのが官僚なのでしょう。と言うよりも、**「石橋を叩きすぎて割ってしまって、渡れなくなってしまう」**という表現のほうが適切かもしれませんね。これでは慎重すぎて、なんの発展も望めません。政治改革など夢のまた夢です。

官僚ひとりひとりを見ると、その高い能力はもちろんのこと、正義感もある。けれど組織としての官僚ということになると、たちまち委縮してしまうというのは、おそらく**瞬時に自分の立場を計算しているからでしょう**。

そして結果的には、彼らが個人的に持っている社会正義や大義よりも、いわゆる〝官僚的体質〟が勝《まさ》ってしまう……。もしかしたらどこからか、「こうしたほうが絶対にいいけれど、今やらなくても良い。良い法案が出ても、それは後に任せればいい」というような、〝悪魔の囁《ささや》き〟が聞こえているのかもしれません。こんな体質に縛られていては、改革が進まないのもわかっていただけると思います。

もっとも**自分たちが作った法律に縛られているという部分もあります。**

「日本は法治国家だから、ルールに基づいて進めていくことの何が悪いのか」という意識もあるのでしょう。だからこそ立法でも、日本では各省庁から上がってくる「閣法《かくほう》」（内閣提出の法律）の数が圧倒的に多いのです。

衆議院議員や参議院議員から提案する「議員立法」というのもあります。閣法は通常2年以上の提出準備期間がありますが、議員立法は、早ければ数か月で法案提出をすることができます。議員立法の場合、議員主導で法案が作成されていくため、官僚たちは正直やりたがらない。**結局は、自分たちでルールを作り、自分たちを有利にしようとする**ため、「前例がない」という言葉で、国会議員からの「可能なのか、できないのか」という質問から逃げたがるのです。

タクシーに例えると、運転手が官僚であって、進むべき方向を支持するのが国会議員です。法律を根拠に作られた社会制度のルールが時代に合わなくなったり、不適合だと感じるようになったりした場合には、ルールを変えていくように指示をするのが国会議員の役割だと思っています。

省庁別の官僚の特色とは?

おしなべて言えば、**官僚というのは概して新しいものには後ろ向きな傾向にあります。特に厚生労働省や文部科学省の官僚には、そういう傾向が強い**と私は思います。

ちょっと贔屓目に聞こえるかもしれませんが、経済産業省の官僚にはいくらか前向きなところが垣間見えることもあります。というのも、経済産業省の担当は通商や経済活動ですが、これらの分野は外務省や財務省と絡むことも多いからです。

いずれも官庁としては最難関の有力省庁で、互いのライバル意識も強い。新しい権益の取り合いも熾烈です。

例えば環太平洋地域における多国間経済協定であるアジア太平洋経済協力(APEC)が1989年に発足した時です。通常はこうした国際問題はまず外務省が関与しているのですが、この時ばかりは経済産業省の前身である通産省が外務省を押しのけて主導役を果たしました。

またお堅いイメージの財務省に比べると、経済産業省は自由な先取り精神に富んでおり、自由を好む気風があると言われています。

でもこうした差異の原因は、単なる省庁の力関係だけではありません。行政の構造のはらむ問題が原因となっていることが多いのです。

縦割り行政の正体とは何か？

ここは本書のポイントのひとつなので、薬事を例に挙げ、具体的な解説をしましょう。

おおまかにいうと大学での医薬品の研究については文部科学省、臨床については厚生労働省、そして製品として販売される段階になると経済産業省の管轄となっています。

つまりひとつの事案に3つの省が絡んでいるわけです。

左の挿絵《さしえ》を見ていただくとわかるように、その3つの省がそれぞれ高い山であって、その間には、「死の谷」と呼ばれる深い谷があり、ひとつひとつの山を越えるのが、とても困難なのが実態です。

だから、私は「ハイウエイ構想」と謳い、「シーズ」（新しい分野の研究）をジャマす

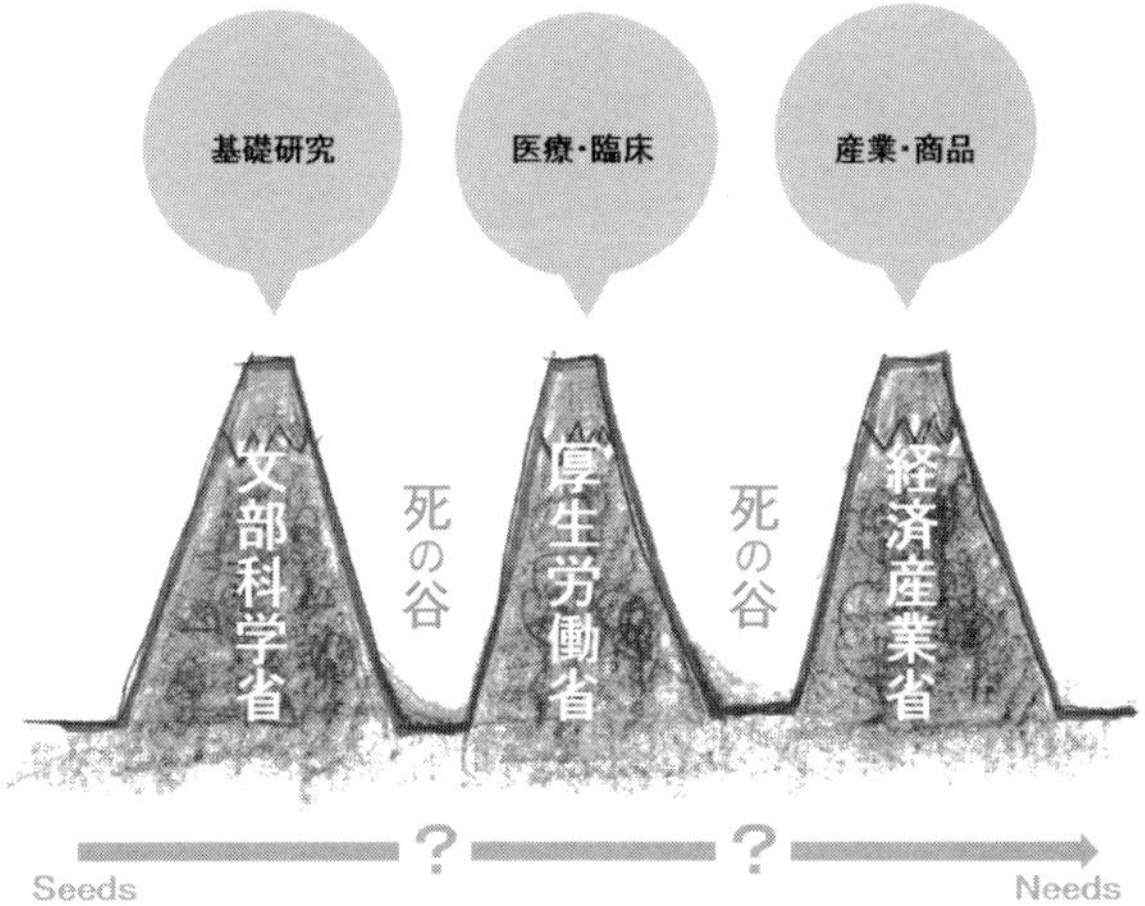

〔「ハイウェイ構想」のイメージ図〕

る省庁間の縦割り行政の弊害を山に例え、そこにトンネルを掘って、高速道路でつなげるように、スピーディにニーズ（新薬や画期的な治療法の需要）へとつなげる制度が必要だと、国会議員になった当初よりライフワークとして制度改善に取り組んでいます。

成果は上がってきていますが、まだまだ十分ではありません。

というのも、シーズに関して言うと、文科省が査定する研究費の配分では、研究費そのものへの予算が増えていませんし、どのシーズへ研究費を配分するかという段階では、どうしてもビッグネーム（有名な教授の研究室）が優先され、研究内容を重視しない傾向があるからです。また、官僚に専門知識がないので、成果が出なかった時のリスクを回避するために、実績があるビッグネームに偏ってしまうのです。

次に、研究成果が認められ、臨床段階となると、これまたリスクを恐れる厚生労働省の官僚たちを納得させるために莫大な費用と、こんなに必要なのかと思ってしまうほどのボリュームの実験結果データの提出が求められ、さらにそれを検証するのにまた長い時間待たされます。

最後に、経済産業省から販売の許可を出してもらうのですが、経済産業省にとっては、医薬品が売れれば経済の活性化につながるし、もしまったく売れなくても、その責任を取る必要はありません。コンビニにおける医薬品販売の自由化に対するスタンスはその顕著な例でしょう。

経済産業省の研究会である「コンビニエンスストアの経済・社会的役割に関する研究会」は２０１５年３月25日に報告書を発表し、コンビニが健康増進のための商品や医薬品を取り扱うべきニーズが消費者から広くあることを示しました。

「安全性が担保される限り、医薬品の自由販売をおおいに認めるべきである」というのが経済産業省の立場です。

しかしその製品についてなんらかの問題が発生したら、文部科学省や厚生労働省にその責任が被《かぶ》さってきます。

例えば薬害が出たら、厚生労働省の責任になるし、研究に瑕疵《かし》があったら、文部科学省の責任になる。だから両省はどうしても思い切った認可ができず、後ろ向きにならざるを得ませんでした。

でもそんな省庁間のいざこざ＝行政の縦割りからは何も生まれません。日本でも、医療分野の研究開発の基礎から実用化までの一貫した推進体制の構築、成果の円滑な実用化に向けた体制の充実、研究開発の環境整備を総合的に支援する司令塔の役割を担うため、2015年4月1日にAMED（日本医療開発研究機構）が発足しました。

少しだけですが、医薬品の承認までの期間が短縮され、欧米との薬の承認格差、いわゆる「ドラッグ・ラグ」の問題が解消の方向へ進んでいますが、まだ審査をする職員の養成が間に合っておらず、アメリカ並みのスピードになるためには時間がかかりそうです。

私は、大阪大学国際医工情報センター招聘教授でもありますので、まだ進みの遅い産学など各機関との連携や、治験や創薬などの実用化をスピーディに行っていけるように引き続き、取り組んでいくつもりです。

日本の医薬品の認可のハードルは世界でもっとも高いと言われています。その結果が意味することは何か？

そう、そのツケはすべて国民に回ってくるのです。

なぜ前川氏は反旗を翻したのか？

さて文部科学省の話が出ましたので、「加計学園問題」で反旗を翻した前川喜平氏について、官僚の体質から考えてみましょう。

今治市に新設される獣医学部をめぐる加計学園問題では、「総理の御意向メモ」なるものが飛び交いました。それを「本物だ」と明言したのが前文科事務次官の前川氏です。当初、官邸はそれ以前これら文書を「怪文書」と切り捨てましたが、前川氏の発言はそれへの反撃と見られます。

さて、なぜ前川氏は官邸に反旗を翻したのでしょうか？　**そこには文科省と官邸との確執があります**。

まずは新国立競技場問題。聖火台が設計図から落ちるなどトラブルが続き、官邸が新国立の管轄権を取り上げる事態になりましたが、当時の整備計画経緯検証委員会の事務局長が前川氏だったのです。

また、もんじゅの廃炉をめぐっても官邸と文科省は対立しています。結局、前川氏が事務次官に就任した後の2016年12月、もんじゅの廃炉が決定していますが、これは文科省が原子力利権を失ったことを意味します。

この一連の問題を考えるなら、すでに事務次官を退任した前川氏が加計問題でボディブローを受けていた官邸にトドメを刺すために再登場したと解することもできます。

また、前川氏が次官を辞任したのは、文科省の天下り問題の責任を取ったためですが、**加計問題で正義を訴えれば文科省の名誉回復も不可能ではない**。すなわち古巣の文科省のためという思いが強かったのではないかと推察しています。

その前川氏の行動から勇気を得た部下だった文科省の官僚たちは反官邸として動き始めたわけですが、**そこには「省益」があっても「国益」はありません**。これでは国民からは、安倍内閣への不信感が増すばかりとなります。加計学園の獣医学部新設の手続きにおいても、やはり官邸の圧力があったのではないかという疑惑が大きくなる印象を与えただけになり、問題の本質が見えにくくなってしまいました。

首相でさえも敵に回し、倒そうとする文部科学省の前事務次官。前川さんは、正義感から、官邸の圧力によって、基準に満たない計画書だったけれども、文科省の意向に反して、首相の意向を「忖度」し、書類を受理したという真実を伝えようとしているのか、自己の保身・名誉回復のためなのか、まだ決定的な証拠となる書類が出ていないので、はっきりしていません。

ただ、前川さんの意向に反し、残念ながら「国のために働く公務員」というイメージはありませんよね。大阪っぽい言い回しで表現するなら、「前川さんに逆襲をくらった、しゃあない話」と見られていると思います。

官僚にも政治家にも求められる「わかりやすさ」

あと補足するなら、加計問題は官邸も前川氏も、**どちらの主張もわかりにくかった。**説明がわかりにくいから、どちらも国民の支持を得られませんでしたよね。

難しい言葉を難しくいうことは誰にでもできます。官僚にも政治家にも難しい言葉を易しく伝える義務があるでしょう。

しかし、そもそもは、国家戦略特区構想の施策なのですから、その都度その都度、国民を納得させるべき証拠を残しておくべきでした。会議は、フルオープンにして、インターネット中継の場で議論をした上で決定をしていれば、後から文句を言うほうが悪い、ということになります。

いくら、今後すべての書類が公開され、不正なく法律や制度に則《のっと》り、加計学園の獣医学部新設が認められたことが明らかになったとしても、国民の疑惑は払しょくできない状況にまで陥ってしまっていると思います。

大事なのは、どの段階で、どのような失敗をしてしまったのかを徹底的に検証し、二度と同じ過ちをしない制度設計に改善することではないでしょうか。今回の問題は「ヒューマンエラー」のひとことでは済まされません。ヒューマンエラーが起きないような制度にすることが政治家の務めだと私は思っています。

私が言う失敗とは、不正を行ったという意味ではありません。**「国民に疑惑を持たれてしまったこと自体が失敗、すなわちエラーまたはミスであると真摯に反省するべきだ」**ということです。

私は双方のやり取りを見ながら、「脱官僚でやっていく」「政治家が道を決めるべき」

「政策は国民の皆さんにわかりやすく伝えるものだ」との思いを強くしました。

官僚体制はすでに過去の遺物になった

もともと官僚機構は江戸時代末期の開国時や戦後の復興期のように、何もないところから新たなものを作り出す時代には上手く機能したものです。また、戦時中のような統制が必要な時代にも、官僚機構がおおいに機能しました。

しかし今はもう、中央集権で何かをしようという時代ではありません。経済的な発展を果たし、人も成熟した現代社会においては、中央で同一の規格大量生産という発想は、すでに古いわけです。

そもそも官僚機構は、融通のきかない重厚長大な中央集権の上でこそ成り立っていくものです。しかも官僚で出世するのは、省庁の先輩のために美味しい天下り先をつくる官僚と決まっていますから、そうしたシステムを維持する限り、未来永劫《えいごう》ずっと中央集権が続いていくことになります。

しかしそれでは財政に大きなロスが生じてしまいますし、国民の負担は大きくなるばかりです。そこに大ナタを振るえば、かなりの改革が実現できます。

例えば**官僚の天下り先への交付金や助成金をわずか7％カットするだけで、1000億円程度の財源が確保されます。**さらに公務員の人件費を20％削減すると、1兆円程度の財源が捻出されるのです。これだけでも幼児教育の無償化が実現できるのですから、現実的な改革だと思いませんか。

しかし実際のところ、今の制度を変えるとなると、法律を大きく変えなくてはいけません。本来なら思い切った発想の転換や豊かな想像力が必要になる時でも、官僚に任せていてはそれもできません。

というのも、官僚が法律を制定したり変更したりする場合、**その前提として立法事実がなくてはいけない**ことになっているからです。

すなわち**多くの国民が実際に困っているという事実が生じて初めて、システムは変えていいことになるわけです。**たとえば事故で犠牲者が出てから、安全装置を設置できるようなケースですね。大規模な震災が予想される今の時代、それでは遅すぎるでしょう。

今や急激に社会も変わっています。地方での人口減少は想像以上に進んでおり、社会的な疲弊が目立ちます。

それに加えて、今まで「モノづくり」の強みをベースにやってきた日本の経済も、中国をはじめとしたアジア諸国にコスト面で後塵を拝するようになりました。今や技術も移転されて、かつての技術王国だった日本が外国に負け始めています。ここでなんとか転換して、国力の挽回をはからなくてはいけません。

急激な少子高齢化に伴って、社会保障制度を根本から変えなくてはいけなくなっている点も大きな問題でしょう。

ところが今の社会保障システムの前提は、いまだ12人の者で1人のお年寄りを支えるという思想が残っています。でも、もう間もなく、2人の若者で1人のお年寄りを支えなくてはいけない時代に入るのです。

そうした社会が到来する前に、さまざまなギャップを埋めて準備をしていかなくてはいけません。問題の先送りは決していい結果を生みませんから、一刻も早く着手すべきでしょう。たとえば、「健康寿命」の観点から考えてみましょう。

将来を見据えた政策の実現を！

「健康寿命」とは、日常的な医療や介護に依存せず、日常生活を制限なく送ることができる時間を意味します。

平均寿命から健康寿命を引いた差が、医療費や介護費の負担となるわけです。ちなみにその差は、２０１０年で男性は９・13年、女性は12・68年となっています。

これだけの期間、我々は他人の介護や補助を受けて生活しなければならないのです。不自由な生活を送らなければならないのはもちろん辛いわけですが、これをなんとか短くしていかないと、日本の医療費や介護費用も膨らむばかりで、深刻な財政破綻を招きかねません。

ちなみに寿命はこれからも伸びていく傾向にあり、「国立社会保障・人口問題研究所」が２０１２年１月に推計資料として出したデータでは、２０２２年には男性の平均寿命が81・15歳、女性が87・87歳までになることになっています。

現在、医療はまだ治療が重視されますが、たとえ命が助かっても体が不自由になったのでは、寿命の延長が不健康な時間の延長になってしまい、せっかくの治療の意味がなくなってしまいます。

健康寿命を延ばすことを考えることこそ、成熟した豊かな社会の実現です。そのためには、医師がすでに発病した病気を治すだけではなく、早期発見・早期治療に努めなければいけません。そもそも人間は病気にならないのが最善策であり、次善は病気になったらすぐにそれを治療すること——それが私の持論です。

ただ問題があるのは、その患者さんがもし病気にならなかったらどうするのかということです。負担は患者さんが払わないといけないのか、それともそのリスクを医師が取るべきなのか。

でも病気になったらもっと大変です。最近では旅行保険に入らずに日本に来て、急病になって病院に運ばれ、手術などを受けた結果、莫大な治療費を背負いこむ外国人のケースが話題になっています。

日本は保険制度が整っており、個人負担が少ないので、普段はほとんど自覚することはありませんが、治療費というのは本来とても高いものです。

しかし事前に発病を予防したり、大事に至る前に治療したりすれば、医療費は抑制することができます。また健康を取り戻すまでの期間も短くて済みます。体への負担が少ないのも利点でしょう。

健康寿命を伸ばすということは、医療の究極的目的と捉えるべきです。福祉にも適《かな》うし、財政再建にも貢献する。そういう意味で、国の責任も、官僚の責任も、医療従事者の責任も非常に大きいと思います。

これは医師でもある私からの提言ですが、健康寿命を伸ばす政策や社会づくりにも官僚の力は欠かせません。

実現のために、国民の皆さんにわかりやすく説明し、省庁の縦割りをなくし、政治家が官僚たちに明確な指針を示す必要があることは言うまでもないでしょう。

第3章　なんとしても実現したい医療制度改革

悪いところを光らせる「ALA－PDD」

前章の末尾では、「健康寿命の重要性」についてお話ししました。

次にそれを実現するために、医療改革のために、実際に何をやっていけば良いのかについてお話ししましょう。

官僚の話からは少し離れますが、国民にとって意味のある政策の立案や、政治制度の改革には何が必要なのか、皆さんに伝えていきたいと思います。

まずは私の医師としての視点から綴っていきましょう。

例えば癌になると、患部を切除するのが一般的な治療法です。でもどこまで切り取ればいいのでしょうか。必要な分より小さく切り取れば、体内に癌細胞が残ってしまい、転移する危険性があります。しかし大きく切り取りすぎると、体の負担が大きくなります。場合によっては機能障害を起こし、日常生活を送ることに支障をきたすケースが起こり得ます。

しかし癌細胞がどこまであるのかは、肉眼で見てもなかなかわかりません。これについては私にも経験があります。

私の祖父は95歳の長寿で亡くなりましたが、私が大学生の時に大腸癌を患って手術で患部を切除したことがありました。

癌を切除した場合、家族は後で切り取った患部を見せてもらえます。当時の私は医学生だったので、将来の参考までにと両親と一緒に切除箇所を見せてもらったのですが、切り取った腸の一部にぐちゃぐちゃしたところがありました。これがてっきり患部だと思って、「これが癌細胞ですか。気持ち悪いですね」と主治医の先生に言ったところ、祖父の主治医は、「いいえ、違います。おじいさんの悪いところはここです」と別のところを指差しました。

でもそれはとてもきれいな部分で、いったいどこが癌なのかと思うほどでした。たぶん全部が癌ではないだろうから、その境界はどこなのだろうと見ようとしたのですが、やはり肉眼ではわかりませんでした。どこまで悪くてどこからが大丈夫なのか、医師の卵である私にもわからないほど難しいものでしたが、再発を回避するために、当時はなるべく大きく患部を切り取っていたわけです。

しかし最近では患部に注入すると、**本当に悪いところだけが光る薬が登場するようになりました。これを「ALA-PDD」といいます。**

天然のアミノ酸を活用すべし！

「ALA」は「アミノレブリン酸」という薬で、天然のものですから、体内に入れても害がありません。そして「PDD」は「PHOTO DYNAMIC DIAGNOSIS」（光線学診断）の略称です。すなわち、「ALA-PDD」とは専門的に言うと「アミノレブリン酸・術中蛍光観察」となります。

ALAは細胞内で代謝されプロトポルフィリンⅨ（PPⅨ）という蛍光物質になる特性を持ちます。これまでの研究から、PPⅨは癌細胞内に蓄積し、特定の波長の光を照射するとがん細胞が蛍光を発することが明らかになっています。

この特性を利用して、**手術中における癌部位の特定をより簡易にできる「術中癌診断薬」の開発へ向けた取り組みを行っています。**PDDは青紫色のレーザー光線を当てることで、癌細胞で侵された箇所が赤色に変色し、どこに癌があるのかがわかりやすくなるんですね。医師はそこを集中して治療すればいいわけです。青い光を当てて、赤く光らせるなんて不思議な感じがしますよね。

この治療方法のメリットは、患者さんが放射線をまったく浴びずに済むということでしょう。似たような仕組みで、「ＰＥＴ」（POSITRON EMISSION TOMOGRAPHY）というのがありますが、ＰＥＴでは放射線を使います。

ＰＥＴに比べたらＰＤＤは被ばくしないのですが、まだまだ一般的ではありません。一方でＰＥＴは広く普及しました。なぜなら、**国が早くから診断機器として認定したからです**。要するにＰＤＤが広がらない原因のひとつは、診断機器の許可を出す厚生労働省の官僚がまだよくＰＤＤを認識していないことです。そのメリットもデメリットも勉強していないから、採用されていないのです。

官僚たちが積極的にならない理由のひとつに官僚の体質――**すなわち組織としての新しい取り組みに腰が引けてしまう点があることは否めません**。

ところがＰＤＤには先ほど述べた被ばくしないことのほか、いろんなメリットがあります。例えば次のとおりです。
①被ばくしない
②癌患部の特定が容易になる
③広域の癌治療も可能になる
④可視化するため、誰でも癌の認識ができる
⑤日本発の医療のグローバル化に貢献する
⑥腫瘍の残骸が減り、再手術数が減少した結果、年間1000億円から4000億円の医療費が削減できる
天然のアミノ酸の力、ぜひ皆さんにも知ってほしいと思います。

大切なのは「忖度」よりも「政治主導」!

このようにメリットが多いので、私としてはこれから「PDD」をもっと広めたいと思っています。というのも、**まだ普及していないということは、まだ利権化されていな**

いことの証明でもあります。実現すれば広く安く国民の皆さんに利用してもらえます。

実際にＰＤＤの効能について、ようやくではありますが、その高い効果が広まりつつあります。すでに悪性神経膠腫《こうしゅ》という脳腫瘍には承認されており、表在性膀胱癌《ひょうざいせいぼうこうがん》にも承認を申請中です。胃癌腹膜《ふくまく》播種《はしゅ》については治験中になっていますが、そのほかの癌についても全国の大学で研究されています。

ただ問題は手間とコスト、そしてどのくらいの効果があるのかについてひとつひとつの癌に対して実証例を含めた報告書を出さなければいけないことです。たくさんの癌に効く診断として、一括で承認してくれたらどれだけコストが削減できるか、おわかりいただけると思います。しかもそのたびに申請費用がおよそ1億円もかかるのです！

こんなに負担がかかる理由のひとつは、繰り返しになりますが、**官僚がＰＥＴしか理解していないからです**。もっとＰＤＤを理解してくれたなら、有効性の検査が簡素化でき、提出書類ももっとシンプルなもので済むようになります。

要するに現状としては、厚生労働省はＰＤＤについてはまだまだ後ろ向きだということが言えるでしょう。ならば担当者を変えればいいという話になりそうですが、そもそも官僚の体質という大きな壁がありますから、個々の担当が変わったからといって、すぐさま申請許可の内容が変わるわけではありません。

でもここで動かそうとするのなら、とっておきの方法がひとつだけあります。**それこそがすなわち「忖度」です**。

森友学園問題や加計学園問題を見てもわかるとおり、やはり大臣や党の役職者など有力な政治家の押しがあると官庁の反応が明らかに違います。まず話をしっかり聞いてもらえますし、それだけでも大きな差がありますからね。

だから私は、この山をなんとか動かそうと思います。**もちろん「忖度」によってではなく、政治主導によって！**　大きな壁かもしれませんが、ぶつかっていくことに戸惑いはありません。

しかし、「忖度」が本来の意味とはかけ離れたイメージを与えてしまっていることについては、とても残念な思いがあります。**「他人の気持ちを推しはかること」が忖度の本来の意味です**。皆さんも、忖度という言葉を「知らなかった」「使うことがなかった」というのが本音かと思いますが、コミュニケーションを取る上で自然に行っていることで、決して悪い意味ばかりではないのです。いわば、日本の古き良き伝統で、継承していくべき文化だと私は思うのです。官僚たちの自己保身のための過剰な忖度がもたらした損害は、文化面においても非常に大きかったと言えるでしょう。

ジェネリックとバイオシミラーの差異

日本の医療費の予算は年々1兆円ずつ増加し、今や年間40兆円を超えています。その支出を抑え本当に必要な分野に予算を回すことが必要だと考えています。少子高齢化社会を迎えて、このままでは医療費だけで財政破綻を招きかねません。

医療費削減はいよいよ待ったなしですが、実現するためのひとつの手段として、薬価を下げることを提唱しています。例えば、「ジェネリックにしますか?」と薬局で聞かれることもあるかと思いますが、ジェネリック医薬品やバイオシミラーなどのより安価な薬の使用促進が求められます。

医薬品には一般医薬品とバイオ医薬品があります。ジェネリック医薬品とは、一般医薬品の「製造特許の切れた製法で作られた後発医薬品」を意味します。

一般の医薬品は低分子で化学合成で製造されるため、構造が単純です。例えて言うなら「塩」のようなもの。塩は「アンデスの塩」であろうと「深海の塩」であろうと、または「伯方島《はかたじま》の塩」であろうと、その構成は「ＮａＣｌ」ですよね。製造プロセスが簡単なため、ジェネリック医薬品は「同一である」と認められやすい利点があります。

先発品よりも安く価格設定することが義務付けられ、70％〜30％前後の価格帯が設定されます。

先発品にプラスの効果を加えることも可能で、お子さん向けのお薬であれば、りんご風味など、飲みやすいように改善して販売しているケースもあります。

また、肌トラブル用の塗り薬のジェネリックであれば、炎症を抑える成分に美白成分を加えるなどの対応をしているケースもあり、ジェネリック医薬品のほうが魅力的に映るように製薬会社も工夫をし、患者さんの側からジェネリック医薬品を積極的に選ぶようにもなってきています。

厚生労働省も、新たなジェネリック医薬品普及のロードマップとして、２０１７年度末までに60%の普及を目指すとしています。

このようにジェネリックは普及していますが、**医療の現場をよく知る私が提唱したいのは「バイオシミラー」です。**

「バイオシミラー」という言葉は聞き慣れないと思いますので、簡潔に説明すると、**バイオ医薬品の後続品です。**

「ジェネリック医薬品」は、新薬と同等と認められた低価格な薬で、「バイオシミラー」は、「シミラー」＝「似ている」とあるように、バイオ医薬品と同質の品質・安全性・有効性を有する後続品です。

バイオ医薬品は、薬となる成分・物質を化学合成によって作る一般医薬品に比べて、微生物・細胞などの「生物が作り出すもの」がもとになるため、その構造は非常に複雑です。一般の医薬品の分子構造が10とすると、バイオ医薬品の分子構造は、1万以上10万くらいと巨大かつ複雑になります。

わかりやすく言えば、**ジェネリック医薬品が「自転車」だとすると、バイオシミラーは「ジャンボジェット」くらいの大きさ、複雑さ**になると例えられると思います。

バイオシミラーの研究・開発が進まない理由

一般医薬品は単純な化学合成工程で製造されますが、バイオ医薬品は微生物や細胞を利用した遺伝子組み換え技術・細胞融合、細胞培養などのバイオテクノロジーを活用するため、開発研究には膨大な費用と設備が必要になります。ですから、薬価がどうしても高額になります。

バイオ医薬品の先発品の研究開発には1000億円もの費用がかかると言われています。一方、バイオシミラーは200~300億円の研究開発費用と言われ、たしかに高額ですが、研究開発費用を先発品よりは低く抑えられることによって、先発品の70%以下の薬価の設定ができると言われているのです。

一回の投与が70万円ほどもかかるバイオ医薬品もありますから、その価格を少しでも安くできれば、**全体の医療費を削減することにつながります**。

実際、世界の市場では、病院の医薬品の購入額のトップ10のうち7品目程度をバイオ医薬品が占めるようになってきています。

バイオシミラーの普及は国民ひとりひとりの負担減（安心・安全はそのままに）と、国全体の医療費削減につながると確信しています。

ところが、バイオシミラーの研究開発もなかなか進まない現状があります。

そもそも「シミラー」というのは「同一」という意味ではなく、「似ているが違うもの」という意味です。よってその認定には先行品との「同一性」は求められず、安全性を含む同等性評価が求められます。

そんな背景もあり、**バイオシミラーはジェネリックよりも認定の審査が複雑になります**。ジェネリックの場合は最大4種類の書類を提出すればいいのに対し、バイオシミラーは臨床を含めて最大20種類が必要になります。提出する書類の種類だけを比較すると、先発品より2、3少なくなるだけで、手続きの煩雑さはあまり変わらないのです。

バイオシミラーは、日本国内ではまだ珍しいような印象があるかと思いますが、使用促進している病院も増えてきています。

例えば、低身長症・下垂体《かすいたい》機能低下症の治療で使用されている「ヒト成長ホルモン」のバイオシミラーが２００９年９月に『ソマトロピンＢＳ』という薬品名で発売されたのを皮切りに、2010年には慢性腎疾患による腎性貧血の治療薬として『エポチンアルファ』が発売されました。

2013年には、関節リウマチの治療薬のバイオシミラー『インフリキシマブBS』が先発品の7割の価格で承認されています。いずれのバイオシミラーも長期に渡り使用される高価な医薬品なので、薬価を少しでも安くできれば、**結果的にかなりの医療費削減に貢献することになるのです。**

お隣の韓国では、バイオシミラーの研究開発を国家プロジェクトに位置付け、政府が設備投資費用を負担しています。韓国が開発したバイオシミラーが米国の承認を得たことにより市場を広げ、国益におおいに貢献している実例もあるのに、日本政府はなかなか本腰を入れてくれません。

今後もまずは厚生労働省の官僚たちに現状を知ってもらう努力を続けていくつもりでいます。官僚たちも、個人レベルでみると日本の将来を本気で憂えている人たちばかりですから、納得さえすれば、動いてくれるはずです。

バイオシミラー使用促進議員連盟の結成

このようにバイオシミラーの使用促進を継続して推奨していますが、この話に最初に賛同してくれたのが、自民党の松本純前国家公安委員長です。もともと松本先生は薬剤師ですから、バイオシミラーには関心があったのでしょう。

その次に関心を持ってくれたのが（当時）同じ維新の党だった松野頼久衆議院議員で、さらに民主党（当時）の笠浩史衆議院議員も賛同してくれました。私の主張に対して、この3人が「面白いじゃないか」と言ってくれたので、議連を発足する準備が始まりました。もともとこの3名の方を中心に勉強会はすでに始まっていて、そこで私がいろいろと意見なり思いのたけなりを述べたら、みんなが「伊東君、さすが専門家ですね」と感心してくれました。私の提案に同意してもらえて、とても嬉しく思いました。

それでバイオシミラーの普及の話をもっと進めようという話になって、全政党に声をかけました。**行政の縦割り打破を訴える私が、党や派閥の違いを気にするわけがありません。**結果、公明党からは桝屋敬悟衆議院議員に来ていただきました。桝屋先生は私が厚生労働委員会の委員だった時に厚生労働副大臣を務めており、以前から私の委員会などでの質問を聞いて関心を持ってくれていたようです。そんな流れを経て超党派の「バイオシミラー使用促進議員連盟」が発足、私はその事務局長に就任しました。

そして、議連の事務局として、私は韓国の「セルトリオン」社に行ってきました。強調しますが、自腹での海外視察です。なぜ韓国かというと先述したとおり、韓国は国策としてバイオシミラーの研究開発・販売・使用促進を行っているからです。

セルトリオン社はインチョン市にある大手バイオ医薬品会社で、2012年にリウマチ関節炎治療などに使われる『レムシマ』という最初のバイオシミラーを発売しました。またグローバル第Ⅲ臨床実験中の新規バイオ後続品である『リツキシマブ製剤』というバイオシミラーの製造販売許可を2016年11月に韓国政府から得ています。

セルトリオン社は、自社開発の『レムシマ』の販売許可を米食品医薬品局（FDA）から2016年4月に取得しました。ヨーロッパでも今年2月に同バイオシミラーの製造販売許可を取得。同社は日本企業との連携も進めており、この分野では注目すべき企業です。

各分野から続々と起こる反響

韓国がこれほどまでに進んでいるのなら、隣国の日本は遅れをとってはいけません。日本でもっとバイオシミラーが普及するにはどうすればいいのかを真剣に考えました。

帰国して早々、バイオシミラー使用促進議連で訪韓の報告をしたら、ジェネリック医薬品学会（現日本ジェネリック医薬品・バイオシミラー学会）からも呼ばれるようになりました。そして日本透析医学会学術集会からも依頼を受けて教育講演をいたしました。各界でバイオシミラーは本当に注目され始めていたのです。

そもそもバイオ医薬品はもう世界中に広がっていて、世界の市場では、医薬品の売上のベスト10のうちの7つを占めています。しかし、バイオ医薬品を製造するためには、いくつもの培養タンクを設置しなければなりませんし、化学合成とは違い、いろいろとリスクがあります。その上、「効果はどうなんだ」「許可はどうなんだ」とややこしい仕組みを作っていたら、投資も呼べないし、発展もない。

でも日本の企業が世界から遅れを取るわけにはいきません。実際に医薬品企業側からの、「なんとかやりやすい環境を整えてくれ」という声もあるわけです。だからこそ、国が動かなくてはいけない。国が環境を整えてあげれば、企業も研究開発がしやすくなりますからね。

もちろんお金もかかります。バイオシミラーの開発はジェネリックよりも資金も手間もかかるのです。しかし、**そこをなんとかしようと考えるのが官僚の大きな役割です。**ここでストップしたら、元も子もありませんからね。でも頑張ってバイオシミラーの開発を促進させることができたら、やがては大きな産業になって、日本経済をけん引するような存在になるかもしれないじゃないですか！

そんな大きな夢もあり、バイオシミラーを促進する案をいろいろなところに提言していたら、先の通常国会が始まった時、当時国家公安委員長だった松本純先生から呼び出されました。

「伊東ちゃん、ちょっとうちの事務所に来て」

そう言われたので行ってみたら、松本先生が「僕は国家公安委員長の仕事で忙しいのも含めて、参議院側の責任者として（自民党の）藤井基之さんを立てたい」とのことでした。藤井先生も薬剤師で、薬事関係に強い人です。

ですからもう、これは議員立法というレベルではなくなり、国家プロジェクトになりつつあります。「骨太の方針２０１７」の中にも、「バイオ医薬品及びバイオシミラーの研究開発支援方策等を拡充しつつ、バイオシミラーの医療費適正化効果額・金額シェアを公表するとともに、２０２０年度（平成32年度）末までにバイオシミラーの品目数倍増（成分数ベース）を目指す」という言葉が入りました。

実現への大きな壁と抵抗勢力

国自体が動き始めたので、来年度予算に組み込まれる可能性も高くなりました。私の地道な説得活動が実ったとも言えるでしょう。一気に話は進展しましたが、まだまだ具体的な予算付けはこれからです。着実に効果を上げるため、引き続き、しつこく説明を繰り返していきます。並行して、バイオシミラー使用促進議連の事務局長として私が通常国会と臨時国会の間にしたことは、なぜ韓国でバイオシミラーの研究・開発がこれほど進んでいるのかということを改めて調査し、まとめることでした。諸外国の事例も調査しました。これから日本で、バイオシミラーを普及させていく上での運用面での課題について大変参考になります。

その中でぶち当たった大きな壁が特許の問題です。いわゆる知的財産権ですね。衆議院調査室を使ってバイオ医薬品の特許について調べてもらいましたが、「調べられない」という結果が来ました。特許の期限の情報は、それぞれ申請した製薬会社が情報管理をしていて、それぞれの薬剤について個別に製薬会社に照会することしか方法はありません。しかし、素直に教えてくれる会社などあるはずがありません。

薬剤の特許については、非常に複雑な上、厚生労働省や経済産業省でも把握できていません。新しい法律を作り、特許庁と情報を共有できる根拠を作ってからでないと特許の期限がいつ切れるのか、それに合わせていつ研究開発を進めるべきなのかという戦略は立てられないのです。でもそこに既得権益があることだけは事実です。だからこそ、その市場を壊す必要がある――前代表の橋下徹ではありませんが、**私も「スクラップアンドビルド」を強く意識しています**。

もっともどうやってビルドするんだという点では、まだ明確になっていない部分はあります。でも最初の勉強会からここまで、よくやってきたという自負もあります。

我々が作った議連は非常に盛況で、このたびの内閣改造で文部科学大臣に就任した林芳正先生が参加され、同じ自民党の河村建夫先生にも顧問に就任いただきました。議連の力は党の枠組みなど超えてますます大きくなっています。

ところがこうした動きには抵抗勢力のようなものも必ず生まれるもので、今度は自民党の中に、バイオシミラーに反対する勉強会ができたのです。ジェネリックはまあいいとして、「バイオシミラーはまだ早いんじゃないか」という考えです。

しかし三原じゅん子参議院議員もバイオシミラーの件で厚生労働委員会で積極的に使用促進を提案したりと、自民党の中でもバイオシミラーについての議論が活発化してきています。組織のいいところは、いろんな既得権益があったとしても、それに流されない良識のある人がいるという点ですね。そうやって自民党の中でいろんな意見が出るようになると、バイオシミラーについて「反対派は現状がわかっていないのではないか」という意見が強く出てくるようになったのです。

そうしているうちに関係閣僚や厚生労働省の官僚も注目するようになってきて、例えば会議で「ジェネリック薬品を増やしていこうではないか」という議論になった時、麻生太郎副総理兼財務大臣が「バイオシミラーはどうなっているのか」と尋ねたのです。結果、政府の報告書に〝バイオシミラー〟の文言が入れられるようになりました！

増加の一途をたどる医療費を削減するために、バイオ医薬品より安価なバイオシミラーの使用は極めて有効です。ぜひ皆さんにも関心を持っていただけたらと思います。

スマホで診察可能となる遠隔診療の普及

次に私が提案したいのは「遠隔診療の普及」です。遠隔診療とは仕事などで忙しくて、なかなか病院に行けない人や、専門の医療機関のない地域の方たちが、スマホやタブレットのテレビ電話を使って、診察を受けられるようにすることです。

高齢者のみならず、忙しいビジネスパーソンにも欠かせない存在になることは間違いないでしょう。自宅で診察を受けることが可能になるので、病状が重くなる前に治療を受けられるようになりますから、医療費の削減も期待できると思います。日常の様子を診察しなければならない精神科疾患などではすでに遠隔診療が有効に活用されているようです。

さて政府は2018年度の診療報酬改定で、**いよいよ遠隔診療を評価するという方針を決定しました。**遠隔診療は2017年6月9日に閣議決定された「未来投資戦略2017」でも、「オンライン診察を組み合わせた糖尿病などの生活習慣病患者への効果的な指導・管理など、対面診療と遠隔診療を適切に組み合わせることにより効果的・効率的な医療の提供に資するものについては、次期診療報酬改定で評価を行う」と規定されています。遠隔診療に消極的だった日本医師会も、対面診察を原則とする方向で、遠隔診療を認めつつあります。

ただ遠隔診療といえば、遠くにいる医師に診てもらえるということを連想しますが、単にスマホやタブレットで診察を受けることができるというだけのものではありません。

離島や僻地での医師不足は大変深刻です。ですから、遠隔診療は当初、離島と僻地に限定して認められました。その後規制緩和が進みますが、問題点も残っています。

例えば、死亡から48時間以内に医師が確認していなかったら、死亡診断書が書けないという問題です。２０１６年に三重県の名張《なばり》市の特別養護老人ホームで死者に立ち会わずに死亡診断書を書いていたことが問題として報道されました。80代の男性が死亡された時に、事前に死亡診断書に氏名や死因の老衰などを書き入れて、後で日時や診断日を看護師に書かせたという事例です。

私は、このような医師不足により起こってしまった事例についても、ＩＴを使った医療の分野への応用で、アプリを使用し、カルテやレセプトの管理に遠隔診療を使った方法で、死亡診断書を書く仕組みの改善をするべきだと提案しています。看護師も特別な勉強をした者に対し、「看取り看護師」という資格を与え、死亡診断書の手伝いを医師の指示でできるように改定しないといけないと思っています。

医療費問題はビジネスのチャンスでもある

以前、私は予算委員会で、遠隔診療に使える端末に規制があるのかを質問したことがありました。質疑通告の時には、「スマホでも大丈夫」とヒアリングに来た官僚は言っていましたが、委員会での大臣答弁は、明確ではなく、ほかの問題とすり替わってしまっていました。官僚というのはそういうのが上手いんですね。法律への当てはめなどは、本当に絶妙です。文書を読めば、このようにも理解できるし、ここで逃げることができるんだなと感心してしまいます。

それにしても遠隔診療に対する医師自身の理解は深まっていません。大阪で行われた病院協会主催の講演会に私が行ったら、ある官僚が講師で来ていて、「遠隔診療は初診では使えません！」とはっきりと言っているではありませんか。しかし私は以前から、厚生労働省から説明も受けていたし、予算委員会や厚生労働委員会の質疑で確認していたので、「そんなこと、国会の場では、大臣は言っていませんよ。あくまで、原則として、初診は対面で行うと言っているだけですよ」と反論しました。そうしたら相手は「まさか、伊東先生が来られているとは思わなかったので……」と。

要するに、**遠隔診療に危機感を持っている既得権益が存在するわけです**。つまり、「下手をすると病院がなくなってしまうのではないか」という危機感です。人の移動がなくなると、ハコモノがいらなくなりますから。

もっと言えば、このことは**薬のネット販売にもつながってきます**。これも医療費の削減にもつながるのですが、これもまた既得権益を持っている人たちは困るでしょう。

でも、もうそんな時代ではありません。**遠隔診療は、子育て世代にも需要があります。**働く女性が増えている今、忙しく子育てをしながら働くお母さんたちのことを考えたら、子どもが急に熱を出したり腹痛を起こしたりした場合、病院に連れていく前にちょっとお医者さんに相談できるシステムがあれば便利だと思いませんか。

例えば会員制にして、月額1000円とか2000円などでサービスを受けられるようにする。そうなれば結構な数の人がメンバーになり、ビジネスモデルとしても十分に成り立つと思うんです。もっとも私が理事長を務める自費診療のクリニックでは、通院の患者さんに無料で電話での相談に応じています。

遠隔診療をそこまで推奨するのなら「手本を見せてくれ」という話になると思いますが、うちのクリニックの場合は「PLDD」というレーザー手術が主体なので、手術は患者さんにクリニックに来てもらわないと行えません。本来であれば、遠隔診療は医師の側にもわざわざ診察室に行かなくても、患者を診察できるというメリットがあります。でも、国会議員でもある私の場合は、議員会館の事務所で空き時間にちょっと遠隔手術というわけにもいかず、PLDDを希望する患者さんたちにはなじまないと思い、採用は見送りました。しかしながら、近い将来、手術前の診療には利用できると思います。まだMRIの通信データのやり取りまで法律が整備されていないのですが、データを共有できる日も近いでしょう。そうなれば、私も積極的に遠隔診療を活用しようと考えています。いずれにしろ、医療のあり方は大きく変容しています。これまでの医師の独占というのではなく、**ビジネスの要素が必要になりつつあります**。もう医療も厚生労働省と経済産業省にまたがる分野になってきたと言えるのでしょうね。これからの医師は、ビジネスという点にも着目しないといけないと思います。

新しい治療の市場を広げる

日本には世界に誇る「国民皆保険制度」があります。全国民が保険に加入し、いつでもどこでも比較的安い自己負担で、診察を受けることができる仕組みです。医療費の自己負担の安さは欧米でのそれと比較すればよくわかります。日本には「医療費の自己負担が高額になる場合、一定の金額を超えた分があとで払い戻される制度」すなわち「高額医療費制度」もあるため、個人が支払う医療費が非常に安いのです。逆説的には、患者側から薬代を安くしようという動機付けにはつながりづらい仕組みになっていますが、医療費抑制のためには、患者側からの積極的関与も向上させなければならないでしょうね。

患者さんからも自分の治療方法や使用する薬品について希望が伝えられるような、双方向のコミュニケーションの活性化が必要だと思いますが、限界も感じています。保険診療でできる範囲というのが決まっていて、いくら素晴らしい治療であってもそれが保険の対象外なら、費用の面でとまどう患者さんが出てくるのです。そういう場合は混合診療というのがあります。保険診療と自費診療を合わせたものですね。ちなみに「混合診療」という言葉は一般的には使われていますが、厚生労働省はこの言葉を認めていません。

ＰＬＤＤは、手術の上手な医師もそうでない医師も保険診療にすると一様に診療報酬を得ることが出来てしまうようになり、「効果と安全性」を担保出来ないというのが厚生労働省の見解です。だからこそ私のクリニックでは信念を持って自費診療をやってきました。その中で痛感するのは、やはり時代に応じて治療も進化すべきだということです。たとえば先端的医療です。「2017年先端医療・ライフサイエンス研究市場データブック」によると、2016年の先端的医療の市場規模は全部で1兆4080億円。それが2025年には先端医療関連市場は1兆8546億円、ライフサイエンス関連市場は1479億円に拡大すると予想しています。特にバイオ部門での市場の伸びは大きく、これからの医療市場を牽引していく可能性が非常に大きい。これを速やかに臨床につなげ、新しい治療方法につなげるべく環境を整えたいと思います。

保存治療には期限を設けるべきだ!

保存治療とは根本的に治療するのではなく、痛みに対して湿布を処方するような治療です。結局は病状がよくなることはなく、患者さんは長期にわたって通院しなくてはならず、その間も痛みに悩まされることになります。

なぜこのような治療が行われるのか。言葉は乱暴ですが、**長期にわたって患者さんを捕まえることができるからです**。治療費は少なくとも、再診料で稼ぐことができるわけですね。しかしそれは本当の意味での医療ではありません。私はこういう場合、患者さんに保存治療の期限を提案します。「何か月かかりますよ」というように。

患者さんにすれば、治療にどのくらいの期間がかかり、どのくらいの費用がかかるのかを知りたいはずです。それで治らなかったら、別の病院に行くという選択肢も出てきます。私は以前に『腰痛は医者の言葉を信じるな！』という本を上梓《じょうし》しましたが、「上手く病気と付き合っていきましょう」とか「歳《とし》のせいですから」とか言う医師の言葉は信じないでほしいと書きました。期間を教えてくれて、治し方を教えてくれるのがいいお医者さんですからね。

保存治療もまた国の医療費増大の要因になりかねません。私は国会議員、医師、そして経営者として、これからも医療制度改革を訴えていきたいと思います。そのためにはまず「官僚という大きな壁」を乗り越えていかねばなりません。

第4章　私が歩んできた道　～山中先生との思い出

山中先生との大学での出会いと大学院での再会

なぜ私がここまで医療制度改革に執念を燃やすのか、不思議に思った読者の方もおられることでしょう。もちろん私が医師であることは繰り返し述べてきましたが、ほかにも大きな理由があります。

それこそが、iPS細胞の開発で2012年にジョン・ガードン氏とノーベル生理学・医学賞を共同受賞した**山中伸弥先生の存在です。**

「山中先生との思い出」

この章のサブタイトルはちょっと大げさかもしれませんが、山中先生との出会いが私の政治信念にも大きな影響を与えてくれたのです。

閑話《かんわ》休題。本章ではちょっと私の思い出話にお付き合いください。

私は大阪市立大学の大学院の時に山中先生と同じ感染動物実験舎で研究に没頭していたんですが、そもそも山中先生と私は同じ神戸大学医学部の出身です。山中先生は僕より1歳年上で、神戸大学医学部の時は同じラグビー部に入っていました。

ちなみに私は神戸高校時代もラグビー部に所属していて、全国高等学校ラグビーフットボール大会……いわゆる花園への出場を果たしました。大学時代もレギュラーだったのですが、山中先生と親しくなったのは大阪市立大学大学院に進学してからです。

山中先生は当時、薬理学の教室におられました。山中先生が国立大阪病院整形外科で臨床研修医としての勤務を終えられた後ですね。たしか、「ノックアウトマウス」という遺伝子操作をしたマウスの研究をされていた頃ではないでしょうか。なお、この時はｉＰＳ細胞のｉの字もなかった頃です。

ノックアウトマウスというのは、１個以上の遺伝子を無効化した遺伝子組み換えマウスのことです。おそらくはアデノウイルスを使って遺伝子を操作されていたんだと思います。ｉＰＳ細胞の発見は、大阪市立大学に移られてからの研究の成果です。

逃げたハムスターを捕まえてくれた山中先生

この時の感染動物実験舎の我々の研究室がそれはひどくて、古い教室の階段の踊り場でかつて倉庫として使われていたスペースを研究室として利用していました。

もっとも当時も感染動物実験舎と動物実験舎はそれぞれ別になっていて、大阪市立大学医学部附属病院もツインタワーとして建設され、そのひとつが教室や医局、そして研究棟になっていました。そこに都市医学講座ウイルス学教室というのができて、たしか「バイオハザード（生物災害）3」だったと記憶しています。このバイオハザード問題は、加計学園問題でも話題になりました。

でも私が実験で使ったハムスターは古い校舎の階段の踊り場で研究者自身が実験動物の飼育をしていました。倉庫の階段の踊り場が研究舎だったりと、今となってはいい思い出ですが、結局は予算がなかったのですね。

昨今は実験動物の世話をしっかりとしてくれる担当者もいるようですが、当時は自分たちでしなくてはいけませんでした。午後5時まで大学病院で勤務してから、その階段の踊り場にある実験舎に行って深夜までずっと実験です。まあハムスターも夜行性ですから、ちょうど良かったのかもしれませんが……。

毎日、最初にすることは、ハムスターを入れている本来は熱帯魚の水槽を使ったゲージの掃除。ハムスターを取り出して別の容器に入れ、排泄物が付いているおがくずを捨ててきれいに洗います。そしてまた新しいおがくずを敷き、ハムスターを入れるのです。

その作業をしている私の隣で、山中先生も同じようにマウスの世話をしていたんですね。同じような動物を同じような時間に実験しますから、実験中はほぼ一緒で、お話をするようになりました。「今日もお疲れ様です」などと、声をかけあったりして。

しかし私たちは研究者なのに、なぜハムスターやマウスの世話ばかりしているだろうと悩むこともありました。将来もこのまま予算がつかず、ずっとハムスターの世話係なのかと思ったりもして、私自身はもう鬱になりそうでした。山中先生も同じことを言っていました。そんな経験を経て、山中先生はノーベル生理学・医学賞受賞ですからね。本当にすごい話です。

ハムスターといえばこんな思い出があります。ある時、私のハムスターが行方不明になったんです。ちょっと掃除していた隙に、逃げ出してしまった。でもいろんな実験を受けている動物は、感染の恐れがあるので、絶対に外に出してはいけません。感染したら、人が死ぬことだってあるからです。

ですから、あの時はもう私の将来はなくなったと思い、本当に真っ青になりました。
「うわっ、どうしよう。まさかのバイオハザードだ」

翌日の新聞に自分の顔写真が載ることまで頭に浮かびました。その逃げたハムスターを捕まえてくれたのが、山中先生でした。

素手で捕まえてくれたハムスターをゲージに戻してくれて、「伊東くんのハムスターが逃げていましたよ」と、白のテープに書いて貼ってくれていました。
「ありがとうございます！」

何度、頭を下げてお礼を言ったかわかりません。この時は、本当に嬉しかったです。この件でも山中先生に、今でも心から感謝しています。

ちなみに私が政治家になって山中先生にお会いした際、非常に印象的な言葉をもらいました。

「私はいち研究者で、所長というのは研究者の代表です。CEOではありません。CEOは国が用意してくれないと日本の医学・科学に先はない」

加計学園問題を鑑みた時、非常に意味のある言葉だと思いませんか？ この問題は戦略を示してくれるCEOが不在だったと言っても過言ではありません。

私があらためて日本の医学・科学のために、政治改革を心に誓ったのは言うまでもありません。

私が博士号を取ったSSPEの研究

ちなみに、大阪市立大学の大学院で私が取り組んでいた研究は、「亜《あ》急性硬化性全脳《きゅうせいこうかせいぜんのう》炎《えん》（SSPE）」の研究でした。これで博士号を取得したのです。

なぜSSPEを研究することになったのかというと、まず大学時代に脳神経外科の研修を受けていたことがそのきっかけのひとつです。

そして大学院に進学した時、指導教官の小倉壽教授から「SSPEをやってみないか」と言われたことが直接のきっかけですね。

また私は小児外科も担当していたのですが、**実はＳＳＰＥの発症は子どもに多い**。なんとかしたい、という思いもありました。そんな経緯もあって、ＳＳＰＥを研究対象に選んだわけです。

ＳＳＰＥ——聞きなれない方も多いのではないでしょうか。ＳＳＰＥは急性麻疹《ましん》に罹った時、脳内に残った麻疹ウイルスが6年から8年を経て発症する病気です。以前、話題になった狂牛病と症状が似ているんですが、脳に虫食い状態の空間ができるのです。

発病する仕組みは潜伏期にウイルスが突然変異し、神経とグリア細胞で感染が拡大すると考えられています。ちなみに、細胞間の感染なので、人と人が接触したからといって感染することはありません。

発症例は少なく、１００万人中に16人程度です。さらに麻疹ワクチンを接種することで予防できますので、その発症率は減少していますが、それでも全国にはなお１５０人ほどの患者さんがいます。

この病気は脳を侵すので、初期には思考をつかさどる大脳機能の低下により、学力の低下や無関心・意欲減退が見られます。

また運動機能をつかさどる小脳の機能低下により、転倒しやすくなるなどの運動機能障害が発生することもあります。

この病気の怖いところは、進行することでやがては歩くことができなくなったり、起き上がることさえ不可能になったりすることです。

そうして家族など周りの人たちとの意思疎通もできなくなり、食事も取ることができなくなります。

最後には意識がなくなり、治療をしなければ数か月のうちに死亡する非常に恐ろしい病気です。

現在ではまだ確定した治療方法は見つかっていません。なので、厚生労働省によって難病（特定疾患）に指定されています。私はなんとしてでもこの病気の治療法を見つけたかったのです。

研究はハムスターを使って、脳に直接ＳＳＰＥのウイルスを注入するというものでした。というのも、心臓や肺、足や腹部に注射したところ、ハムスターには感染しなかったのです。もっとも脳には「血液脳関門」という仕組みがあって、これはBBBというのですが、脳と血液の間にバリアがあるために、血液にSSPEウイルスが入ったとしても、なかなか脳にまで到達しないのです。しかしまれにBBBを超えてウイルスが脳にまで到達してしまう人がいる。これが100万人に16人程度であり、その感染経路は大きな謎のままです。

もうひとつの謎が、もともと麻疹ウイルスなのに、なぜそのような脳症をあらわすのかという点。そこで私はウイルスの遺伝子を調べたのです。

まずは、すでに採取し培養したSSPEウイルスをハムスターの脳に注入します。ちょっと太めの注射器で、頭蓋骨に穴を開ける感じで入れるんですね。人間の脳では数年かかりますが、ハムスターの場合はこれにより1週間ほどで発病します。

最初はおがくずで巣をつくり、元気で餌を食べていたハムスターが、そのうち暴れ回るだけで巣を作らなくなる。不随意運動のようなピクッとした動きをして、性格が凶暴になる。そして顔の神経も動かなくなるのでしょう、ついにはよだれをたらし始める。本来、ハムスターは不潔な動物ではないのですが、毛などが汚くなって動かなくなり、最終的には死亡する――。

虫の息の時のハムスターから取り出した脳のウイルスの遺伝子を調べたら、一部が変化していました。これは脳の中で何かが変化したという証拠です。私はこの論文で博士号を取りました。

こうした動物実験が基礎医学を支えている側面があるのですが、**官僚たちはどこまで現場のことをわかっているか甚だ疑問です**。私は獣医学の世界も役人が決められるものではないと思っています。

なぜなら、この時に指導してくださったひとりの綾田稔先生は、大阪市立大学大学院医学研究科神経ウイルス感染学の助教授でしたが、大阪府立大学農学部を出られて獣医師資格もお持ちでした。その後、大阪大学医学部でウイルス学を修められました。ですから獣医学部のトップというのは、通常研究者のポストなんですね。そういうことを考えると、やはり加計学園の獣医学部構想は疑問が払しょくできません。

子どもの頃の将来の夢は総理大臣！

「僕は総理大臣になって、日本を変える。日本を素晴らしい国にする」

いきなりですが、小学校2年生の頃の私の将来の夢は、総理大臣になることでした。きっかけはテレビの国会中継です。

審議の様子をテレビで見ていると、いろんな議員が質問し、それに対して総理大臣が答弁していました。日本というのは本当にいろんな問題があって、困っている人がたくさんいる。それを調べて解決するのが国会議員で、そのトップが総理大臣だと思いました。そして総理大臣になれば、世のため、人のために尽くすことができる——なんと素晴らしい職業だろうと感動したのです。だから、家族の前で宣言したんですね。まさに大真面目な決意表明です。

そうしたら母から、「うちは政治家の家系じゃない。総理大臣になるには国会議員にならないといけないし、そもそも政治家になるには地縁も血縁も必要だし、選挙に出るのはお金もたくさん使うことになる。しかも当選するとは限らない。そんな可能性の低いものを目指すより、医者になりなさい。そうして世の中のために尽くしなさい」と言われました。医者になってたくさんの命を救いなさいというわけです。

「よし、僕は医者になるぞ」

総理大臣から医者なんて、180度方向転換もいいところですよね。でも私は母の言葉を聞いて、すぐに決意しました。

私は政治家の家系ではありませんし、両親が医師であったわけでもありませんが、今思えば、あの時の私にとって、政治家になることも医者になることもさほど差がなかった。**どちらも困っている人を救うのが使命ですからね。**

それに、せっかくこの世に生まれてきたからには、「僕が人類のために役に立ったというなんらかの足跡を残したい」と考えていました。ですから2012年12月の衆議院選挙に出馬することになった時も、神様が私に「今こそ、世の中をよくしなくてはいけない時だ」と与えてくれたチャンスだと思ったのです。

やしきたかじんさんとの出会い

そんな私がどのタイミングで政治の世界に入ることになったのか。せっかくの機会なので、それについてお話ししておきましょう。

そのチャンスをくれたのは、やしきたかじんさんです。私は2006年に大阪でクリニックを開業したのですが、その前はPLDDのさきがけとして有名なある先生が経営する東京と名古屋の医院に勤めていました。

PLDDとは、「経皮的レーザー椎間板減圧治療」のこと。局部麻酔をかけて首に直径0・8ミリ、腰に1・2ミリの針を差し込み、その針の中を通して、光ファイバーを体内に入れます。そうして幹部にレーザーを照射して空洞を作り、神経を圧迫する力を和らげる治療です。切開手術なら全身麻酔が必要で体の負担も大きいのですが、PLDDなら体の傷は注射針程度でほとんどありませんし、使用する麻酔の量も少なく部分麻酔でOKです。入院もせず、日帰りで済みます。なんと術後1時間もあれば帰れるのです。翌日からシャワーも可能で、翌々日から仕事を始めるという人だっています。

今のカテゴリーでは整形外科に近いと思いますが、もともとは形成外科医になりたかったのです。形成外科と整形外科の区別というのは微妙です。ついでに美容外科というのも区別が付きにくい。ならば全部やろうと思いました（笑）。その過程でレーザー治療に取り組み始めたのです。レーザーは美容外科でも使いますからね。

これまでに私が見てきたＰＬＤＤの症例は、軽く１万例を超えています。もともとＰＬＤＤをする医師は少ないので、私の経験は断トツに多いのではないでしょうか。

そんな背景もあって、「独立をしようかな」と考え始めました。そんなタイミングで、医師でもあるオーナーから「名古屋の医院を売ってあげよう」と言われたんです。

当初提示された売買価格は２０００万円から３０００万円。これなら私でも銀行でお金を借りればなんとか買える額なので、「じゃあやります！」とすぐさま引き受けたんです。ところが実際に契約の段階になり、税理士も含めて話し合っていたら、「その価格なら実質的に贈与になってしまう」という事態になってしまったのです。それでは適正価格はいくらなのか聞くと、「１億５０００万円でどうだ」と提示されたのです。

しかし当初の２０００万円から１億５０００万円まで跳ね上がっては、到底買うことなんてできません。ですから名古屋の医院は諦めました。

その代わりに大阪で雇われ医院長として開業することにしたんです。私が名古屋で治療している患者さんで大阪からの患者さんに「先生も大阪の人で、私も大阪に住んでいて、名古屋まで通っている。なぜ大阪で開業してくれへんのですか。そうしたら私らも便利なのに」と言われたからです。

そこで大阪に戻って2006年1月からクリニックを始めました。実質のオーナーはビルの所有者で、いくつかのクリニックを経営していました。そのひとつに私が入ったというわけです。こうして現在の選挙区である大阪で月に10名強の患者さんにレーザー治療（PLDD）をするところから始まりました。

そんなある日、クリニックに1本の電話がかかってきました。知人の治療をお願いしたいとのこと。その電話の主はたかじんさんの友人でした。電話がかかってきた時は、もちろん治療を希望しているのがたかじんさんだとは知りませんでした。

そして予約を入れてもらい、その当日になったのですが、あれは忘れもしない月曜日のことでした。診察室に入ったら、そこになんと（当然ですが）生のたかじんさんが座っていたんです。もう「おお！　本物のやしきたかじんがそこにおる！」と心の中で叫びました（笑）。

ラグビーの試合で腫れ上がった顔で初対面

一方でたかじんさんは私を見て、怪訝《けげん》な顔をしています。

実は私はその前日の日曜日、ラグビーの試合中に、敵チームのメンバーとボールの取り合いをしている最中に両足を掴まれてしまったんです。これは明らかに反則行為なんですが、そのせいで転んでしまい、顔を地面に思い切り打ちつけてしまいました。数針縫うほどの怪我で、この時の傷痕は今も残っています。

まあこの時も含めて、上まぶたを3度も切ったんですから、痕が残っても仕方ありませんよね。それにしてもこの時だけは、顔がものすごく腫れ上がり、凄まじい形相でした。それでも診察は休みませんでしたけれどね。だからたかじんさんは私の顔を見て、びっくりしたんでしょうね。

「エライところに来てしまった。この人、大丈夫か?」

そう思ったそうです。私が「腰が痛いということですが、大丈夫ですか」と尋ねたら、「いや、先生こそ大丈夫か?」と思ったそうです(笑)。

そんな初対面でしたから、たかじんさんが抱いた私の第一印象は、「変な医者やな」ということだったようです(笑)。

私は私で、「顔はこんなに腫れているし、相手は有名なタレントさんやし、たぶん僕に診てもらいたくないだろうな」と思っていました。それでも1時間ほど説明して、たかじんさんに「手術はどうしますか?」と一応聞いたら、なんと「先生の手術を受けてみたい」との返事がかえってきました。

それを聞いて、もうびっくりです。たかじんさんはもともと「変わった人」が好きだったようですが、ラグビーの試合の怪我で顔を腫らしたまま診察しようとした私は、まさにその「変わった人」なのかわかりませんけど、すっかり気に入られたようでした。

もっともレーザー治療は、多忙なたかじんさんのスケジュールの都合ですぐとはいかず、とあるテレビ番組の企画が終わってからということになりました。最初の診療から

2か月ほど後のことです。

クリニックの患者さんが増えた理由

しかしその2か月の間に、うちのクリニックの患者さんがずいぶん増えたのです。『たかじんのそこまで言って委員会』（当時）や、『たかじん胸いっぱい』（当時）を制作する関係者がたかじんさんの紹介でやってきたからです。

また桂ざこば師匠の奥さんやロック歌手の故・桑名正博さんも、たかじんさんに紹介してもらった私の患者さんです。これはほんの一例で、たかじんさんからたくさんの患者さんを紹介してもらいました。だから私はたかじんさんに大きな恩がある。「ほんまにええ人や」と今でも思っています。

そしていよいよたかじんさんを手術する時、手術室にテレビカメラを入れることになりました。「どうせやるなら、手術の様子を番組で放映しよう」という、たかじんさんらしい豪快な発想ですよね。その時の様子がその年の12月24日の『たかじんのそこまで言って委員会』に流され、私も出演させていただいたわけです。

そこから1年の間に、たかじんさんの番組にちょこちょこ出演する機会があったんですが、翌2007年に再び『たかじんのそこまで言って委員会』に出させていただいた際には、「番組中にインフルエンザのワクチンを打ってほしい」という依頼がありました。いろいろと医療器具を持ってスタジオに行ったんですが、その時のたかじんさんのコスチュームは白衣でしたね。「たかじんドクターズ」というコーナーです。ちなみに看護師さんの役は泰葉《やすは》さんだったことをよ〜く覚えています。

導かれた橋下徹との出会い

その際に私が楽屋で出会ったのが橋下徹前代表でした。橋下さんは2006年はこの特番に出ておらず、2007年になって初めての出演だったそうです。

この時は収録だったんですが、この頃の番組の視聴率は平均約14%で、前年に出演した時の16・5%より下がってしまいました。だから「もう番組はなくなるかもしれない。

呼んでもらえなくなるなぁ」と嘆いていました（笑）。

その収録のあとに、橋下さんは大阪府知事選に出馬表明してしまったんですね。収録されたものもまだ放映されていないのに、なんということでしょう。これから出馬する人が公共の電波に出ていたら、もちろん公職選挙法に触れてしまいます。しかしながら、橋下前代表の姿はそのまま流せないものの、放映された映像ではたかじんさんのキャラクターのイラストを被せて放送されました。また音声も、ボイスチェンジで変えていました。まぁ、正体はバレバレですけどね……。

この時、私は橋下前代表と楽屋でお会いしましたが、たかじんさんに出馬の相談をされていたそうです。そしてたかじんさんに「やってみたらええ」と言われて、出馬を決意したそうですが、その日は私が橋下前代表と初めて会った時だと記憶しています。

ところで私はその時まで、本当のことを言うと、橋下徹という人間があまり好きじゃありませんでした。もちろん橋下さんが出演している番組を見たことがあったのですが、茶髪の風雲児で「異端の弁護士」みたいな扱いで、正直、「テレビによく出ている弁護士だなぁ」と嫉妬していたんだと思います。

でもね、橋下さんが政治家になった後から、ものすごく好きになりました。**だって何事も覚悟を決めてやっていますから。**

私もいろんな人を見てきましたが、あれだけ腹が括《くく》れる人はまずいません。それでタレント時代とは評価が180度変わったんです。心底感動したからこそ、「橋下さんの後援会に入らせてもらいます」と言ったんです。

独立開業をすすめてくれたたかじんさん

私が雇われ院長を辞めて独立開業した時、後押ししてくれたのもたかじんさんです。ある時、たかじんさんが「独立しい。僕が後押しするから」と言ってくれたのです。その際には、優秀な税理士さんと弁護士さんも紹介してもらいました。弁護士は今の吉村洋文大阪市長でした。その時に初めて会ったのですが、吉村弁護士のおかげで、私は無事に円満に独立することになり、クリニックは大阪市福島区に2008年5月に開業することになりました。

その年末には橋下知事主催の忘年会が韓国料理屋の2階の座敷で開かれました。そこで橋下知事がこう言ったのです。

「このたび、国政のほうをやることを決意しました。その時には、皆さんのお名前をお借りするかもしれません」

それを聞いて、「私が比例区の候補になれるのかな」と勝手に期待しました。そして橋下知事が「先生も応援するとか口だけで言うのではなく、行動を起こしてください」と言ってきた時、「これは出馬しろということかな」とまた勝手に理解しました。

おそらく前代表は私にだけ言ったわけではないのかもしれないし、覚えているかもわかりませんけれども。でも先に書いたとおり、もともと私は政治家を志願していましたですから、決意するための時間は不要でした。

そうして始まったのが「維新政治塾」です。

当然、私も特別扱いはなしで、ほかの志望者たちと一緒に受験することになりました。そのためには大都市法について2000字の論文を書かなければいけなかったのですが、しっかり勉強して徹夜で仕上げて提出したのです。こうして志望者は3326人から2

262人に絞られ、書類審査などを経て、3か月経ったら888人になっていました。同期で今も日本維新の会で一緒に活動している衆議院議員は木下智彦さん、椎木保さんですね。

そうこうしているうちに、衆議院選が近いということで、自民党から松浪健太さん、民主党から松野頼久さんたちが集まってきました。松野さんをはじめ今井雅人さんのようにこのうち何人かは我々から離れて今は民進党ですけど、そういう人たちで日本維新の会ができたんですね。同時に公募もあって400人に絞られました。

世間ではこの時に「日本維新の会では候補者選定で『お金はありますか』と聞かれた」とよく言われていますが、少なくとも私の場合は、聞かれたことは一度もありませんでした。当時は開業したばかりで大変でしたが、お金があるように見えたんでしょうか（笑）。

人生は捨てたもんじゃない！

私が選挙に出たのは実はこれが最初ではありません。実は中学校の時、生徒会長の選挙に出て、落選しています。結果は次点だったんですが、後で票を調べたら、「柴田」の「柴」が「紫」になっていたのが5票あったのです。今の私の苗字は「伊東」ですけど、当時は「柴田信久」でした。「伊東」は妻の実家の苗字で、妻は呉服屋の長女でしたので、そこを継ぐために入り婿になったんです。ですからその5票の無効票がなかったら、「柴田信久」は生徒会長選挙で当選していたはずなんです！

そういうトラウマもあって、衆議院選挙に出馬した時、「伊東」の表記を「いとう」にしました。「伊藤」と書き間違えられて無効票にされたくないですからね。これは中学校の生徒会長選挙での反省の成果です。

私が国会議員になったのは、もともとなんでもやりたい性格からだと思います。たしかに小学校の時に「総理大臣になりたい」と思ったこともありますが、**医師と経営者の視点が必ずや政治の世界でも活きると考えたからでもあります**。

衆議院選挙に当選した日には、よみうりテレビの番組に出演していました。司会は辛坊次郎さんと清水健アナウンサーでした。皆さんから「おめでとう」と言われ、「先生、ほんまにメスを置く（医師を辞める）んですか」と聞かれました。私は「いや僕がやっているのはレーザーですから、もともとメスは握りません」と答えたんです。その後にコマーシャルが入りました（笑）。

どうして私がなんでもやりたい性格かというと、**「人生は捨てたもんじゃない」と思っているからです**。もっとも諦めたら負けですけどね。

だから、普通の発想なら国会議員になったら忙しくなって、医師として診察などはできないと思うでしょうけど、私は違います。

もちろん議員としての公務で忙しくなるので、医師としての勤務時間は短縮しなくてはいけません。ですから医師の仕事を整理したんです。当時、クリニックを尼崎《あまがさき》や東京に広げていましたけど、東京のほうは鍼灸《しんきゅう》接骨院と加圧の治療院に変えました。大阪の医院は土曜日とかに私が手術して、そのほかの曜日は後輩の医師に手伝ってもらうことにしたのです。それでも「両立は無理だろう」と言う人もいたのですが、私が担当する手術は5分ほどで終わるし、週に4~5人の患者さんが入っても半日での対応が十分に可能です。もしかしたら半日に10人まで手術できるかもしれない……そうやって時間のやりくりをしました。

もっとも議員として地元のお祭りなどの行事にも積極的に参加させてもらっていますが、嬉しいことに、選挙区である枚方《ひらかた》市と交野《かたの》市はラグビーがとても盛んな町なんですね。だからラグビースクールのコーチなどやらせてもらいながら、地元の皆さんと交流できるわけです。枚方・交野が地元で本当によかったです。

ちなみに、国会にも議員のラグビーチームがあるんです。ゲームキャプテンを務めたこともあります。好きなことをやれて、人の役にも立てる。本当に人生捨てたもんじゃないと思っています。

ちなみにラグビーでは花園に出場したと書きましたが、〝ナンバーエイト〟としての出場でした。プレー中は前方や後方、味方や相手など全体を把握することを得意とし、ナンバーエイト……つまり真ん中のポジションを担う。その経験から、分析力や先を見通す力を養うことができました。

またラグビーを通じて、チームのメンバー同士が互いに信頼し合い、花園出場を目指し粘り強く一丸となってプレーをするという経験ができました。

これは、改革に臨む中で直面する困難に対して、日本維新の会のメンバーと共に乗り越えるための原動力として今も活きています。

2019年にはラグビーのワールドカップが日本で開催されますが、「ラグビーワールドカップ2019日本大会成功議員連盟」の事務局次長として絶対に成功に導いて、ラグビーにも恩返しできたらと強く思っています。

ひとりひとりの有権者と向き合う

私のエネルギーの根源は、「怒り」でもあります。

壁にぶつかったらこれを乗り越えよう、そして変えていこうという怒りです。これは実際に経験しなきゃわかりません。橋下前代表も言っていることですが、経験していない人がいくら主張しても、説得力がないでしょう。

だから私はいつもまず自分がやる、自分でやる。常に全力投球！　閉じられているのも、チャレンジでこじ開けていきたい。

たとえば私がやっているレーザー治療。これは、2004年に厚生労働省から「推奨しない」と言われたものです。普通はそれで諦めて終わりなんですが、私はやっぱり変わっているのかもしれません。**「これはチャンスや！」と思ったんです。**誰もやらないのなら、私が開拓しようと思ったんですね。

そもそも手をつないでみんなで同時にゴールするばかりの世界に違和感を持っていました。最近では競争というと、それに勝てない人に不必要に配慮する傾向がありますが、**ある程度の競争意識がないと世界は発展しません。**

だから私はレーザー治療にこだわりました。患者さんの「回復」という成果もきちんと出しています。

その成果を神戸大学医学部の先輩で、同じラグビー部にいた整形外科医のとある教授と話をしたら、ＯＢ会でほかの先生も「柴田のレーザー治療は評判がいいみたいだ」という話になったそうです。一見して地道なやり方ですけど、ひとりひとりに話していくのが一番説得力があります。だから我々は大政党のように、団体に向かって「こんな得がありますよ」と説明するのではなく、街頭でひとりひとりの有権者に向かって話しかけているのです。

　私は今年の通常国会が終わったこの夏は、選挙区で駅頭をしています。普段から駅前での街宣活動は毎日行っています。私が枚方・交野に不在の時はスタッフや地元の市議・府議たちが代わりにしてくれています。

　地元の有権者ひとりひとりと直接話をし、率直な意見をもらっています。その原動力となっているのは、**「大阪から日本を変えたい」という気持ちです**。

　我々の手で必ず日本を良くしていきたい。私は日本を健康な国にするための〝政界のお医者さん〟でありたいと思っています。

最終章　日本を素晴らしい国にしよう

日本を揺るがす国内外の数々の問題

小学校時代にテレビで国会中継を見て、一度は憧れた政治の世界。「僕は総理大臣になる！」と宣言したら、母から「あんたは医者になって、たくさんの人の命を救いなさい」と言われましたと綴りました。

あの宣言からもう44年も経ってしまいました。私は母の言うとおりに医師になりました。そして今の私は国会議員でもあります。幼い頃になりたかったふたつの夢が叶ったわけです。

政治家と医師は、どちらも世のため人のために尽くす仕事です。医師は患者さんの体の悪いところを治しますが、国会議員も日本の悪いところを直さなくてはいけません。**いずれも悪いところが広がらないように、早期発見早期治療が必要です。**

では日本では何が問題となっているのでしょうか。

今、我々はこれまでにない危機の時代にいます。国外では数々の国連安保理決議に反して北朝鮮がミサイルを飛ばし、おおっぴらに核実験を行っています。北朝鮮の目的は、アメリカから「譲歩」を取り付けることです。「譲歩」とは金正恩体制の維持と経済制裁の撤廃です。サダム・フセインやウサマ・ビン・ラディンなどの〝アメリカ民主主義の敵〟をこの世から次々と消していったアメリカを、北朝鮮は非常に恐れているのです。

それゆえにアメリカを挑発しつつ、核の存在をアピールしながら、国際社会をかく乱しているのです。

これに対してアメリカは表向きには冷静に対応しながらも、北朝鮮の暴発をどうおさめ、極東の安全を確保すべきか思案中です。

これについて、中国とロシアは懸念を示しつつも、北朝鮮に圧力をかけることに消極的であることには変わりありません。

それぞれの国がそれぞれの思惑で動く中、日本はアメリカの同盟国としてアメリカに全面的に協力しなければなりません。と同時に、武力行使が憲法で禁じられている日本は、各国にアメリカや日本の主張に賛同してもらうべく、世界に向かってしっかりと平和を訴えていく必要があります。

北朝鮮の核保有が国際社会、特に極東での安全保障のバランスを大きく変えようとしています。一方では、尖閣諸島近海に、中国漁船が大挙して押し寄せてきています。この中には中国公船も含まれ、武装しているものもあります。中国の日本を脅かす行動はエスカレートしていく一方です。

しかしこれらにひるむことなく、日米同盟をいっそう堅固なものとするように努力し、極東の安定と安全に努めることが何よりも重要です。

その一方で、国内でもさまざまな事件が発生しています。偶然でしょうが、2017年に発生したふたつの問題が、行政組織の潜在的な問題点を浮き彫りにしました。

それは、森友学園問題や加計学園問題で露呈した**「官僚による忖度行政」の実態です。**

そこでは森友学園が豊中市の国有地を購入した時に割り引かれた「ゴミ処理代」が8億2000万円と査定されたこと、そして加計学園が今治市から38億円相当の土地提供を受け、愛媛県と今治市からその他獣医学部を建設の際に96億円の援助（補助）が受けられるとしていたことなど、巨額の税金が湯水のように使われていることも判明しています。

そもそも人の税金ならいくらでも自由に使えるという発想がおかしいと思いませんか

か？　国民の血税ならなおさら、その使用を託された官僚として、責任を持って大事に使おうとすべきです。

また、そのような税金を使うことに責任を持たない感覚があるからこそ、例えば少子化の一因である子育て環境の悪化問題や、貧困の原因となっている教育格差問題など喫緊に取り組むべき問題が後回しになっていると思います。

政治の世界でも大切なのは根本治療

医療の世界で例えると病気を抱える患者さんが診てほしいとやって来た時、医師はそのひとりひとりを丁寧に診察していかなくてはいけません。病気はそれぞれ別個の原因であるかもしれないし、あるいは相互に関連あるものもあるかもしれません。

何が根源なのかということを明らかにするとともに、もっとも有効でかつ、患者さんに負担の少ない治療方法を用いて、完治させる必要があります。

腰痛も同じなんです。腰は人間の活動の中心にあると言えますが、そこに発生する痛みは生活のすべてに支障をきたすといっていいでしょう。慢性的な痛みに悩まされている方が、心にまで影響を及ぼすケースは珍しいことではありません。原因を正しく把握し、正確に診断すること。それこそが腰痛の解決の第一歩です。

もちろん、首や肩の痛み、坐骨神経痛、重度の肩こり、手足の先の痺れなどにも同じことが言えるでしょう。

ヘルニアが腰痛や頚痛の原因であるとわかった時に私のＰＬＤＤというレーザー治療が有効でありますし、逆にＰＬＤＤが有効であった場合、腰痛や頚痛の原因がヘルニアであったと判明するわけです。

私自身は、議員としても、問題の原因がハッキリしないと嫌な性格なんです。事務所内で問題が起きたら、まずは秘書たちにその原因を探してもらう。そしてすぐに対処する。これは誰が悪いかを炙り出すのが目的ではありません。あとは私が責任を取ればいいだけの話です。**対症療法ではなく、根本治療が大事だということ**です。このスタンスは医師としての私も変わりがありません。

国のさまざまな問題に取り組む場合も同じだと思います。この国に潜む病的な体質は、根っこで複雑に絡み合い、なかなか解きほぐすことはできません。

しかしながら、どこかにその原因があるのですから、それを解決するためにはどうすればいいかを本気で考えることです。どこに、そして誰に責任があるかはやはり明確にしなければなりません。

官僚の体質も然《しか》り。

自分たちの定数も歳費も減らせない議員も然り。

しかし個別の問題の根源を探り当て、ひとつひとつに真摯に取り組むことで、この国に蔓延する病気を少しずつでも治療したいと思います。それが政治家と医師というふたつのわらじをはく私の使命だと思っています。

そのためには自分の身も切る。

自ら見本を示すことで、理解が広がるものと信じ、全力で取り組んでいます。

医師から嫌われることを躊躇しない医師になること

私は医師ですから、医療に関する問題について積極的に取り組んでいます。それにはまず、**ほかの医師から嫌われる医師になる覚悟が欠かせません。**

どうして私はわざわざ「ほかの医師から嫌われる」ことを目指すのでしょうか。

なぜなら、医師になれば一般では持ち得ないような大きな既得権益を持つようになるのですが、それを打破するのが私の目的だからです。何か新しいことに取り組むと、必ず医療関係者による抵抗勢力が出てくるのはそのためです。

既得権益の打破は、日本維新の会の公約のひとつでもあります。ですから私が医師だからといって、その既得権益に甘んじるわけにはいきません。というより、**医師の私だからこそ、既得権益に浸かってしまってはいけないと思います。**

私は「医療とは人を健康にすること」だと信じています。それなのに、医師の中には無駄な投薬や治療をするような人も残念ながらいるのです。あるいは治療らしい治療も行わず、「しばらく様子をみましょう」とか、「〇〇さんそれは歳のせいなのでうまく付き合っていきましょう」と言って、適当に薬だけ出して患者さんをだらだらとひっぱって、再診料だけを稼ごうという医師もいます。

こうした行為は患者さんの健康を損ねこそすれ、健康になることに役立ったとは聞いたことがありません。人の命を預かる医師として、あるまじき行為だと思います。本当に腹立たしいことです。

しかも、それは医療費を膨らませ、財政赤字を年々増やしていき、**国家に大きな損失を及ぼす原因となっているのです。**

持続可能な社会保障制度を実現させる

現在の少子高齢化社会の中で、社会保障費は毎年1兆円規模で年々増大しています。この調子で進んでいけば、ついには財政が破たんして望むサービスを受けられない人まで生み出しかねません。

医師というのは患者に寄り添い、本当に必要な治療を施すべきなのです。特権階級であるかのように上から患者さんを見下ろすのではなく、患者さんと同じ視線に立つことが必要です。

ところが医師と患者さんとでは、医療に関する知識に大きな差があるので、医療過誤が起こった場合でも、たとえ裁判に訴えても、患者さんは泣き寝入りしなければならない事態もあります。

しかし医師は専門家として、高度な能力と同時に義務と責任を背負っていると思うのです。ならば一般人である患者さんは、「下駄」をはかせてもらうなり、なんらかの保護を受けるべきでしょう。しかし医療過誤裁判ではそれを十分に反映しているところは少なく、不平等感が禁じ得ません。

私は医師と患者さんとの関係を見直し、患者さんの権利を守る仕組みを作りたいと思っています。実際、ある病院で考えられないような治療を受けた患者さんから相談を受けて、その裁判のお手伝いをすることも多々あります。私は医師であり、国会議員であり、大学の教授でもありますが、裁判の参考人という4つ目も持っていると言えるかもしれません！

そもそもどんな医師でも、医学を志した時には「自分はひとりでも多くの命を救おう」と決意したはずなのです。そんな初心をひとりでも多くの医師に思い出してもらい、「患者さんのための医療」を目指していきたいと思います。

結果、医療費の削減、さらには医療制度改革につながると確信しています。

そういう意味では私は仲間の医師から嫌われても、患者さんの身に立った医師であり続けたいと思っています。これからも真に持続可能な社会保障制度実現のため、既得権を打破していきます！

バイオシミラーなど後発薬剤の積極的導入

さて医療費削減の話が出ましたが、日本の医療費はついに40兆円を超えてしまいました。財政破綻の原因になりかねない医療費を抑制することは、喫緊に対処すべき課題だと本書でも繰り返し述べてきました。

その意味ではジェネリック医薬品の使用率の上昇とバイオシミラーの使用促進は、コストを削減する上でぜひとも積極的に展開すべき政策です。

そのためには不要な規制を撤廃しつつも安全性を十分に担保した、合理性のあるバイオシミラーの許認可制度を作らなければいけません。

構造が単純ですぐに認可がとりやすいジェネリック医薬品に比べ、構造が複雑なために研究投資がかかるバイオシミラーについてでも、すでに世界ではかなり使用され普及しています。

私は先日、バイオシミラーの分野で研究開発を進めている韓国の「セルトリオン社」に視察に行ってきたことをこの本で皆さんに報告しましたが、その内容が非常に進んでいることに驚きました。これは大変だ、諸外国に遅れをとってはいけない。日本も今すぐにとりかかるべき問題だと思いました。同時に認可制度の見直しのみならず、研究についての財政的支援などを含め、バイオシミラーを国の重要な産業分野にすべく、研究開発のための環境を整えたいと考え始めました。

そもそも日本にはiPS細胞でノーベル生理学・医学賞を受賞した山中伸弥先生など優れた人材がたくさんおられます。また日本は古来から、味噌や醤油など発酵を生活に利用しており、バイオシミラー研究を促進していく土壌は十分に整っていると思います。バイオシミラーの分野は、単に薬だけの問題に限りません。新しい産業を開拓するきっかけになるかもしれない重要な分野です。

今一度、山中先生の「**私はいち研究者で、所長というのは研究者の代表です。CEOではありません。CEOは国が用意してくれないと日本の医学・科学に先はない**」という言葉を思い返してほしいのです。

管轄は文科省、実際に医師や医療を管轄するのは厚生省、商品化するなら経産省？　そんなことを言っている場合ではありません。官僚や行政の縦割りをぶっ壊して、医療制度改革を実現させていかなければと思います。

医療費の無駄を省き充実した子育て支援に！

たとえば風邪を引いて病院に行った時、さまざまな薬を処方してもらったことはありませんか。**風邪を引いてしまった後は、実はどんな薬を飲んでもすぐには治りません。**

水分を摂って、体を温めて、安静にしているのが本当は一番の治療方法です。

それなのに、「風邪対策」と称して抗生物質を始めとして、さまざまな薬を処方する医師がいます。これらはただちに風邪の原因のウイルスに効くわけではないので、ほとんどが「気休め」と言っていいでしょう。そしてその費用はすべて保険から負担され、やがては国家の負担、そして国民の負担へとつながっていくのです。


私は不要な医療費は使うべきではないと思っています。少子高齢社会では、そうでなくても医療費がかさんでしまいます。このままでは財政破綻を避けられませんし、肝心な時に肝心なサービスを受けることができなくなるおそれがあります。

また多剤投与の問題もあります。年齢を重ねるほど、たしかに病気にかかりやすくなります。時には、10種類以上の薬が処方されるのはよくあることですが、果たしてそれは健全な医療と言えるでしょうか。10種類は持ち歩くだけでも大変です。これを忘れないで毎回飲むことはもっと大変ですよね。またすべてを飲みきることができなくて、残薬として捨てられることも多いのです。

これは非常にもったいない話で、そもそもそんなに薬が出されること自体が異常だと思います。そうした無駄を検証するだけでも、医療費はかなり削減できます。例えば、一般社団法人滋賀県薬剤師協会の推計にありましたが、年間に8744億円もの残薬薬剤費が出ている可能性があり、そこに例えば薬剤師が介入し、検証することで6523億円の医療費削減が見込まれるそうです。

処方せんの話ひとつを取っても、医療費の中にはかなりの無駄が含まれていることがわかります。そのような無駄を排して確保できる財源を、是非とも子育て支援や教育の無償化に回していきたいと思います。

議員自身が身を切る覚悟を!

いよいよ2019年10月1日から、消費税が10%に上げられる予定です。国民の生活は負担がいっそう大きくなることが予想されます。しかし、やはり増税の前に行うべきものがあります。**それこそが政治家の「身を切る改革」です!**

「身を切る改革」と口で言うのは簡単です。どの党もどの議員も口にはしています。しかし果たして本当にそれが実現できるのでしょうか。実現可能かどうかは政党が主張している内容を見ればわかります。

日本維新の会は議員定数をおおむね3割削減すべきと考え、衆議院議員定数削減法案を国会に提出しています。その内訳は、小選挙区を240、比例の定数を96までに減らすものです。ここまで思い切りばっさりと定数削減を提出したのは、日本維新の会だけです。ほかの政党は、自分の身分を失うような改革はしたくありませんからね。

比例区の数の削減には組織票を持つ共産党や公明党が反対しますし、小選挙区での定数削減には動員力がある自民党が強硬に反対します。そこからも自分たちの「選挙」を最優先していることがハッキリわかります。

しかし国民からすれば、**仕事をしない議員は必要ありません**。最近の議員不祥事を考慮しても、国民の目から見ても、こんなにたくさんの国会議員はいらないのです。

そうした議員を整理するためにも、そして国家予算の確保のためにも、定数削減は必要だと私は主張しています。

私は議員や医師には、「松・竹・梅」のランクがあると思います。ただ医学部を出ただけでしっかりと患者さんを診ることができない医師は、医師として「梅」でしょう。こういう医師に治療してもらうと、誤診が怖いレベルで、ハッキリ言って命の保障がない場合もあります。

議員としての「梅」は、主義・主張もなく、単に時流に乗って当選しただけで、まったく国民の役にたっていないケースです。

最近はそういう人が多いですよね。そしてスキャンダルを起こして、消えていくというお決まりのパターンには皆さんもウンザリだと思います。

しかしこうした「梅」議員が誕生しないようにすること自体が大事です。**健康生活のために「病気」が発症しないように心がけることと同じ理屈です**。

政党も公認を出す際には、その候補がどういう能力を持ち、どういうことをしたいのか、きちんと把握する必要があります。そうした作業をきちんと行えば、問題を起こす議員も少なくなるのではないでしょうか。よって議員定数の削減は喫緊に取り組むべき課題だと言えるでしょう。量より質が大事なのです。

なお歳費削減に関しても身を切る覚悟が問われますし、重要な問題です。

かつて、東日本大震災の被災者のために、国会議員の歳費が20％削減され、復興支援に宛てられていたことがありましたが、それが国民の皆さんに伝えられることなく、2014年4月末をもってひっそりと終了してしまいました。

もっとも「延期すべきではないか」との意見も出ていましたが、賛成したのは日本維新の会だけでごく少数でした。当時の議員の多数は、歳費の満額支給の復活を待望していたのです。歳費の20％削減は、国会議員のふところに重大な打撃を与えたようですね。

しかし被災地現地の復興は遅々として、いっこうに進んでいるとは言えません。よって、歳費を満額に戻した時、国政に向けられる目は厳しいものであるはずです。

日本維新の会は自発的に党所属議員から歳費の20％ずつ徴収し、党から被災地に寄付していることはすでに述べました。それは、少しでも被災地の人たちに寄り添いたいと思ったからです。

こうして我々日本維新の会は他の会派の議員が賛同してくれなくても、「改革は法律を整備してから」と言い訳することもなく、自ら率先して本物の身を切る改革を実行しているのです。

日本の文化芸術振興について

ページ数にも限りがありますので、ここからは駆け足で私の掲げる政策について綴っておきたいと思います。

まず、２０１７年６月、文化芸術振興基本法が改正されました。この改正については日本維新の会が案を出し、積極的にコミットメントしてきました。

ちょっと堅く解説すると「文化芸術が人間に多くの恵沢をもたらすものであることにかんがみ、文化芸術の振興に関し、基本理念を定め、並びに国及び地方公共団体の責務を明らかにするとともに、文化芸術の振興に関する施策の基本となる事項を定めることにより、文化芸術に関する活動（以下「文化芸術活動」という。）を行う者（文化芸術活動を行う団体を含む。）の自主的な活動の促進を旨として、文化芸術の振興に関する施策の総合的な推進を図り、もって心豊かな国民生活及び活力ある社会の実現に寄与することを目的」として２００１年（平成13年）に制定された法律です。

簡単にまとめれば、「21世紀を迎えた今、これまで培われてきた伝統的な文化芸術を継承し、発展させるとともに、独創性のある新たな文化芸術の創造を促進しましょう」といったところでしょうか。

そもそも文化の発信はその国のイメージを高め、世界の多くの人たちの共感を得ることができます。いわば文化は国と国とをつなぐもので、非軍事の安全保障の役割をも果たしてくれます。クールジャパンの発信としてアニメなども大事ですが、それとともに日本らしい昔からの文化という点にも重点を置き、世界に発信していくことが重要です。

私の選挙区の枚方市・交野市がある大阪にも素晴らしい文化がたくさんあります。私も積極的にアピールしていきたいと思います。

求められる幅広い教育の無償化

教育費の無償化は政府も賛同しており、ほかの政党もほとんど反対はありません。ただ無償化を幼稚園・保育園などの幼児教育に重点を置くか、大学や大学院などの高等教育に重点を置くかで差があるだけと言えるでしょう。私たち日本維新の会は、**幼児教育**

から大学教育まで、一切の教育の無償化を目指しています。もっとも日本では小中学校の9年間を義務教育期間とし、公立の学校の授業料や教科書代は不要とされています。しかしそれだけでは足りません。たとえば制服代や給食費など、親が負担すべき費用はかなり多いですし、小さい子どもを預けて働きたいと思っても、保育園の費用が高すぎては働けません。そして、経済的な理由で大学への進学を諦めた場合、その生涯賃金に差が生じます。

つまりは残念ながら、貧困が貧困を生むという「貧困の悪循環」に入り込んでしまうのです。生まれた家の経済状態が豊かなのか貧しいのかは、その子の責任ではありません。それで人生が決まってしまうことは、あまりにも不公平だと言えるでしょう。

さて、そこで考えなければいけないことは、新たに必要となる教育費無償化にあてる財源です。しかしながら、教育の財源確保はさほど難しいことではありません。

２０１７年には文部科学省の天下り問題が発覚しましたが、単純計算で、**天下り先への交付金や助成金を7%カットするだけで、1000億円程度の財源を確保できるのです。**

また国家公務員の人件費を2割削減するだけで、1兆円程度の財源が生まれますが、これにより幼児教育の無償化までが実現できるのです。

ほかにも削れるムダはいくらでもあります。政治家は「埋蔵金がある」など抽象的な表現ではなく、実際に政策実現のための財源を確保できるかが求められます。

けれども、人件費などを削減するためには順番として、国会議員が自らの歳費を削減するのは当たり前のことです。そうして生み出した財源を未来の日本を背負う子どもたちに投資することこそが国の政策でしょう。大阪府では公立学校だけではなく、私立高校の無償化を実現させています。その財源の確保は、大阪府議会議員の報酬3割カット、議員定数2割カットという身を切る改革から始めています。

資源の乏しい我が国は、人こそ最大の資源！　その資源を最大に活かすべく、幼児教育から大学教育までの幅広い無償化を絶対に実現させます。

経済格差が学歴格差にならないようにすることこそ、我々が今なすべき施策だといえるでしょう。

正直者が報われる年金改革を！

２０１５年に厚生労働省が公表した資料によると、ほとんどの会社員や事業者が真面目に税金や年金保険料を支払い、それが現在の高齢者の年金の給付に活かされている反面、厚生年金に加入したくても入れない人が２００万人、加入逃れをしている事業者が79万件も存在しています。私は、安倍総理に対し、この問題についての見解を予算委員会で質し、総理も高い問題意識を持っていると答弁をもらいました。「正直者が報われる」……そういう世の中を目指さなければなりません。

しかしながら、我々日本維新の会が国税庁の「民間給与実態統計調査」を基に実際の加入漏れと思われる人数を試算したところ、**実際には倍以上の５００万人が加入資格があるのに加入できないのではないかという実態が浮かび上がりました**。この方たちが厚生年金に加入した場合に増える保険料を試算すると３・７兆円にもなります。この金額には国民の皆さんも驚くかと思いますが、十分な教育費無償化の財源となり得るのではないでしょうか。

そもそも年金加入権は労働者の権利であり、使用者の義務でもあります。年を取って無年金になることは、その人の生存権が脅かされるものです。

こうした状態を放置しておくことはできません。年金をより安定した制度にし、保険料徴収をより確実にするためにも、旧社会保険庁の時からの諸問題に対応するためにも「歳入庁設置による業務効率化等推進法案」を提出し、歳入庁設置による業務効率化を我々は提案しています。

子どもたちの安全のために

一方で日本の将来を担う子どもたちの安全も守らなければなりません。

2016年10月28日に、神奈川県横浜市で登校中の児童の集団に自動車が突入し、1名が死亡、児童8名が重軽傷を負う事件が発生しました。また同年11月2日には、千葉県八街市でも、車の衝突事故により4名の児童が重軽傷を負っています。

子どもが登下校に使用する通学路はどこよりも安全でなければならないのに、その環境は悪化しているという実態を垣間見ることができます。

元気に家を出た子どもが、交通事故に遭うという悲劇は決して生じてはならないことです。子どもたちが登下校に利用する通学路は、危険なものであってはいけません。

事故を防止するためには、スクールガードや見守り隊などの配置のほか、スクールゾーンの速度制限などの対策が急がれます。

グリーンベルトと呼ばれる通学路の安全を確保するために、歩道のない道路で歩行者のための路側帯に色を付けるペンキの基準もないのが実態です。

横断歩道で使用している滑りにくい研究をされたものに準じるように指針を出すなどすべきかと思いますが、通学路の安全については文部科学省、道路については国土交通省、横断歩道については警察庁と、**ここでも縦割り行政の弊害で情報が共有されていない残念な状況があります**。

またスマホのゲームに熱中していた運転手に小学生がはねられた事件を踏まえ、各教育委員会が通学路のポケストップ削除要請をすれば対応してもらえる可能性が高くなることも確認し、提案しました。実際、文部科学省が主催した全国の教育委員会の職員向けの研修会に広報をしてもらうことができました。子どもたちの安全確保を第一にはかることは、地域の大人たちの重要な義務と言えるでしょう。私はこれからも地元の学校に通う子どもたちが安全であることを見守りたいと思います。

また、私の地元、枚方市・交野市の交通渋滞解消の特効薬とも言える、淀川渡河橋の一刻も早い実現に向けて、私は大阪維新の会とともに取り組んできました。

大阪ではとても問題意識が高いのですが、淀川沿いの慢性化した交通渋滞は、地元住民の長年の悩みでした。上流部と下流部との橋が12キロも離れているからです。災害の発生時における緊急避難や輸送等に障害が出たり、救急車での病人の搬送にも平均輸送時間より遅い事態が発生したりと、多くの問題が横たわっています。

私は、淀川を渡る大橋の新設を強く訴えてきました。従来より大阪府の都市整備計画にある牧野高槻線のルートを主張していましたが、第2名神併設ルートを強行に主張する与党議員が「調査予算がついた」などの嘘の情報を流布し、地元が混乱したこともありました。結果的には、コスト面と安全性、実用性を国土交通省と大阪府が共同で比較検証し、評価が上回った牧野高槻線の計画が採用されることとなりました。２０１６年

8月に大阪府都市整備中期計画の事業として、牧野高槻線のルートで4年以内の着工が決定したのです。

松井一郎知事とともに、市民の皆さんの通勤・通学の利便性の向上、経済の活性化のためにも早期着手・早期完成を目指したいと思います。

2019年ラグビーワールドカップの成功を！

私は高校の時からラグビーをしていました。第61回全国高等学校ラグビーフットボール大会では神戸高校の〝ナンバーエイト〟として花園に出場。結果は全国ベスト16でベスト8をかけた戦いで4強に残った宮崎県の高鍋高校に敗れはしましたが、ラグビーを通じて多くの人と出会い、多くの学びを得ました。

私自身ラグビーを続けていますし、地元の枚方市では、ラグビースクールのコーチとして、地元の子ども達と交流させていただいております。

また、嬉しいことに「2019年ラグビーワールドカップ成功議連」事務局次長を務めさせていただいています。２０１５年のラグビーワールドカップは五郎丸選手ほか代表選手たちの大活躍もあっておおいに盛り上がりました。

そこで私は、国会議員の中で唯一、前回行われたラグビーワールドカップで、日本代表が南アフリカ代表に勝利した歴史的なイギリスのブライトンの球場での試合を現地で応援しました。もちろん、税金からの費用の補助は一切なく、自腹での視察でした。

来たる日本でのワールドカップ大会ではソフト面とハード面の両方で、日本での開催を成功させるべく、持ち得る限りの力を尽くしたいと思っています。

なお世界各国の代表チームの事前キャンプの誘致はもちろん、代表選手と市民の皆さんとの交流を地元の枚方市・交野市で開催します。私を育ててくれたラグビーと大阪に恩返しできるなんて最高です。

アンチドーピングの世界を目指して

２０１９年ラグビーワールドカップ、２０２０年東京オリンピックとパラリンピック大会を成功させるためには、ドーピング違反の取り締まりの体制・ドーピング検査体制の構築は重要視すべきポイントです。日本に求められている試練と言っても過言ではありません。世界レベルの大会で求められるドーピング検査体制は非常に厳しく、残念ながら日本の体制はこのレベルに現段階では達していません。私は、危機感を持ってこの問題を国会議員全員が共通認識として持つ必要があると思います。

現在の日本では、ドーピング違反を法律で処罰することはできません。適応する法律がないからです。つまり、「ドーピングをしてしまうことが違法だ」という根拠となる法律がないのです。

このことは、トップアスリートをたくさん生み出している日本という先進国でありながら、非常に憂うべき状況です。2019年、2020年に向けて早急に法整備はもちろん違反を取り締まることができる体制づくりを進めていかなければなりません。

法律を作り、ドーピング違反を取り締まらなければいけないと聞くと、「選手がかわいそうだ」「厳しくし過ぎでは」と心配する声もありますが、そうではありません。あくまで、選手を守るために法律が必要なのです。何よりもドーピングをすることで選手の健康は損なわれてしまします。場合によっては、命まで奪ってしまうことがあるのです。命を奪わないにしても例えば、ドーピングにはステロイドが使われることがありますが、筋肉増強のためにステロイドを服用すると、一時的には体内の男性ホルモンの濃度が高まりますが、「ネガティブフィードバック」といって、服用を続けると、身体で男性ホルモンが作られなくなってしまうのです。その結果、乳房がふくらむなど、男性の選手が女性化してしまう症状が出てしまいます。

ドーピングは選手が自主的にするものだという印象が強いと思いますが、実際は、選手が単独で行えるものではありません。例えば元プロ自転車選手タイラー・ハミルトンさん。この方は２００４年のアテネオリンピックの金メダリストだったのですが、この方の事案はチームの医師たちが関与し、ドーピングするスケジュールまで調整していました。

このように「アントラージュ」と呼ばれる選手の周囲にいる取りまきが関わっているケースが実は多いです。２００８年の北京オリンピックでは、４００メートルリレーで優勝したジャマイカの金メダルがはく奪されるという残念な事例も出ています。日本では、このような結果が生まれないよう、体制の構築を進めていくためにも、アントラージュを取り締まる法体制が必要なのです。

このように広範囲を対象としないと実際には選手たちを守れません。ドーピング違反を未然に防ぐ抑止力とするためにも取り締まりの根拠となる法律が必要です。**取り締まりをする上で行政間の情報共有は必然です。**しかし、共有を認める根拠となる法律がないため、対策が現在の日本では取れていません。そこで、馳浩前文部科学大臣を中心に議員立法で「スポーツにおけるドーピングの防止活動の推進に関する法律案」を策定しました。私は、医師としての経験とドーピングの検査員だった経験からこの法案の発議者のひとりとして、真剣に取り組んできました。次の国会ではぜひとも早急に可決成立させたいものです。

これからも国民の皆さんに寄り添いたい

最後は駆け足になってしまいましたが、少しでも私の政治信念やこれまでの取り組みが皆さんに伝わればこれに勝る喜びはありません。

国民に寄り添うことは政治家の義務です。
患者に寄り添うことは医者の義務です。

大阪市の福島区の伊東くりにっくでは、これまで治療が難しかった椎間板ヘルニアを、レーザーによって治療するＰＬＤＤ（経皮的レーザー椎間板減圧治療）という新しい治療法を採用することで、多くの患者さんは手術当日に退院し、翌々日には社会復帰していくことを実現させてきました。

私は政治家としても、旧態然とした発想に捉われず、脱官僚、天下り根絶、縦割り行政打破などの必要性を訴え、新しいことにどんどんチャレンジして、国民の皆さんのお役に立てたらと思っています。

多くの人の笑顔――それこそが私の最大の喜びです。

私は多くの国民と皆さんと、常に同じ視線でものごとを見たいと思っています。おかしいことをおかしいと主張し、治していこうと努力します。これからも日本の行政にも〝政界のお医者さん〟としてメスを入れていきます！

おわりに

私が衆議院議員になってから、間もなく5年になろうとしています。その間、大切な人を亡くしました。２０１４年1月3日に死去したやしきたかじんさんです。

本書でも綴ったように、私とたかじんさんは、まずは医師と患者さんという関係から始まりました。しかしすぐにそれ以上の関係になりました。たかじんさんから私が受けた影響はとてつもなく大きいものです。本当に感謝しても感謝しても、感謝し尽くせないほどの恩義があるのです。

私を独立開業へと道を開いてくれたのはたかじんさんですし、幼い頃から夢であった国会議員になるきっかけを作ってくれたのもたかじんさんです。間違いなくたかじんさんは、私の人生を大きく拓いてくれたと言えるのです。

たかじんさんとのご縁をいただいたことは、私の大きな宝物です。お付き合いしていた間に、たくさんの喜びとたくさんの驚きがありました。その思い出は終生大事にしたいと思います。

そしてたかじんさんを介して橋下徹前代表とも出会い、国会議員になりたいという私の幼い頃の夢は叶いました。

橋下前代表はものすごいパワーの持ち主です。その力は日本を変え、世界をも変え得るほど強力なものです。それに引き寄せられるように同じ志を持った仲間が集まり、日本維新の会が結成されたのです。

日本は今一度、刷新し直さなくてはいけません。失われた20年を取り戻し、世界に向かって胸を張れる日本をつくり直すべきなのです。

その一方で、このところ、対外的な大きな危機が発生しています。8月29日に北朝鮮から発射されたミサイルは、日本列島を超えました。9月3日に行われた6度目の核実験は、これまでにないほど大きいものだと推定されています。日本を含めて極東は今、とてつもなく不安定な状態になっているのです。

まさに国際的な激動期といえる現代を日本が生き抜いてくのは、決して容易なことではありません。

しかし我々には維新スピリットがある――いかなる困難にも立ち向かい、向上を目指